夢をかなえる男の子の育て方

高橋 隆介

東京シューレ出版

夢をかなえる男の子の育て方

高橋 隆介

東京シューレ出版

はじめに

人生を切り拓き、時代を創り上げるチャレンジャーになれと言われても、どうすればいいのかさっぱりわからないと思う。でも、人はみな、強くて賢くて幸せな人になりたい。なぜかと言えば、楽しく充実した人生を、誰もが送りたいと願っているからだ。そうは言っても志を持った人がみんなうまくいくわけではない。だから少しでもリスクのあることに挑戦するのを避ける人が多い。

しかし、たった一度の人生を悔いのないように生きるためにはチャレンジは欠かせない。リスクを覚悟で冒険をし、人生に二度とないような最高のタイミングで物事を成していくためには、常に挑戦し続ける心がまえが必要だ。ただし、無謀な賭けをしろという意味ではない。失敗は恐れてはいけないがわざわざしなくともよい。だから十分な調査や準備が欠かせない。あとで後悔しないためにも――。

誰しも若い時は霧の中を歩いているようなもので、どの方向に行けばいいのかわからずに、手探りで生きているものだ。だからこそチャレンジは大変勇気のいることだ。そんな時、アドバイスがあるとすれば、ただ一つ「自分の責任で好きな方向に向かって進め。周りを気にせず自己責任の範囲で自由に生きてみよ」ということだけだ。

自己責任の範囲で生きていけば、どんな局面に直面しても、自分の人間的な成長につながるからだ。そして夢や目標を友として、さびしがらずに一人きりで人生を進むことができるようになるからだ。

「楽しく生きる。悔いのない人生を送る。どんな部門でもいいから第一人者になる」

これは私の若い頃の理想であり目標だ。この目標のおかげで誤った道にも迷い込まず、それぞれのステージで夢を実現し、幸せな人生を歩んで来ることができたように思う。そして自己責任の法則を心の中で貫いたおかげで、チャレンジ精神を持ち続けてきた。だから誰にも拘束されない、自由で充実した素晴らしい人生を手に入れることができた。

だが、チャレンジすることには多少のリスクがともなう。そして、そのリスクを最小限にして君が無事にゴールにたどり着くために、この本はきっといろいろな面で役に立つことと信じている。

最後に元禄時代（江戸時代中期）に、上方（関西）で流行した『導歌』を紹介しよう。少年が大人になって大成する条件を歌にしたものだ。

明るく
元気で
遊び好き
欲が深くて
いい加減（ええ加減）

私はこんな意味だろうと考えている。

明るく前向きで、楽しく健康で
好奇心が強く、遊ぶことが大好きで
あらゆることに意欲的で
バランス感覚がある（一つのことに固執しない）

君に教えたい人生の指標があるとすれば、こんなことぐらいだろうか。いずれにしても君自身が独力で切り拓かなければならない道が、人生には必ずあるのだ。

二〇一五年八月

高橋隆介

◉夢をかなえる男の子の育て方――もくじ

第5章　君は君らしく生きる

装丁◉藤森瑞樹

第1章

夢を実現する魔法のような方法

夢へのステップ 1

夢の見つけ方・やりたいことの見つけ方

「好きなこと、やりたいことを大切にせよ。案外自分の好きなこと、自分に合ったことがわかっていない人が多いものだ」

自分の好きなことを表にして、いろいろな角度から得点をつけて、総合得点を出してみよう。案外埋もれていた楽しい夢が見つかることがあるものだ。

やってみたいこと、思いついたことを様々な条件を気にせず、誰にも遠慮せずに列挙してみる。

実現の可能性などはやってみなければわからない。意欲によって大きく変わるから、多少無理と思っても夢にしてみるとよい。

夢を継続させる人が、夢を実現できてきたことは事実であるから、好きなこと、楽しいことなら継続しやすいので、夢にするとよい。

夢にはいつまでにするという期限を設ける。期限のない夢は実現しない。期限を決めることで夢が急に現実味を帯びてくる。

夢は手の届くところまで引き寄せる具体性が大事だ。いつまでに何々をやり終えるというような夢のカレンダーを作ると、夢の実現に向かって進む自分の姿が見えて楽しくなってくる。

思い切り楽しく、思い切り幸せな夢を遠慮せずに描くことが大切。胸がときめくような夢こそ実現しやすいものだ。やせ我慢したり、つらいことを歯を食いしばってがんばるなんて、夢の実現にはあり得ない。

夢を実現してきた多くの偉人、賢人たちは血のにじむ努力よりも、案外楽しく夢を追いかけてきたに違いない。

夢へのステップ 2

自分の城を築く

「小さくとも一国一城の主《あるじ》を目指してみよう。なぜなら、これを目指すということは、すべての行動が自己責任の範囲で行わなければならないからだ。そのことが君を大きく成長させ強くさせるからだ」

初めは小さな国でもやがては大きな国になれるものだ。弱小の時は、戦わずにすむ分野や競争相手がいない分野を探して、独自性の強い国を作ろう。（ここでいう国とは会社や店などの組織やグループのことだ）

他にないもの、自分しかできない分野を作り上げることが成功の秘訣《ひけつ》だ。ナンバーワンよりオンリーワンが間違いなく得だ。人の真似《まね》をするのではなく自分だけのやり方で事業を起こすのが良い。

利益が確実に見込めるものが良い。利益は城作りのもとになるエネルギーだ。利益を軽く見てはいけない。利益こそ成功の源なのだ。

存在意義のあるもの、仕事にするものはやはり社会的に意義のあるものが良い。人のために役立つもの、人を喜ばせるもの、そのために大勢の人が助かるようなものが意味のある仕事と言える。

他人からお金を借りたり、銀行から融資をしてもらって始める事業はリスクがある。なるべく始めは自分の小資本でやってみよう。リスクを背負って始める事業は危ういことが多いからだ。ただし、株式会社のように資本を募って事業を起こすことは良い。ただし１００％自分の会社を作りたいなら、始めから他人の資本を頼ってはいけない。

自分がやってみて楽しい仕事は、起業しやすいし継続しやすいから自分の城も築きやすい。好きなことの事業化は大いに賛成である。楽しいこと、楽しくて仕方ないことを事業化した人は、みな成功している。

夢へのステップ

3

夢カレンダーを創ろう

「夢の日常化と継続化こそ、夢の実現へのたった一つの道」

歯を磨いたり顔を洗ったりするように、日常の生活の一部に夢がなるように習慣化できれば、夢は実現しやすくなるものだ。

そのために朝晩紙に書いた具体的な夢を、三回ずつ繰り返し唱えてみよう。こうすることによって、夢は日常の生活のなかに組み込まれていく。このことを毎日繰り返して三か月もすれば、君にとって夢の実現は当たり前のことになってゆく。心配や不安やマイナスの思考がなくなり、夢を実現することが当たり前で容易なことであると気が付く。

そうしながら夢の具体化（できるだけ夢の中身を詳しく）と数値化（目標数字や目標日時を決めること）を進め、期限を切って夢の実現のための夢カレンダーを創ろう。夢をできるだけ具体的にする、身近なものにすることこそ夢を実現するための第一歩だ。

夢の日常化ができれば夢の実現はもうすぐ。夢が夢でなく当たり前のこととなり、この夢を実現することも当然できるという自信に満ちてくる。

日常化が身に付き、夢が君にとって当たり前の事項になった時こそ、君の潜在意識に夢のイメージが刷り込まれた瞬間なのだ。

これでもう大丈夫。血のにじみ出るような努力はいらない。君の生活のすべてが夢実現のために動き出す。

やがて夢は実現する。盛大なファンファーレはないが、静かにその時はやってくる。ある日、気が付いた時夢は現実になっている、そして自分が夢という現実のただ中にいることに気がつくものだ。このように夢の実現には大変な苦労は必要ない。ただただ夢を身近な生活習慣に変えることができればいいのだ。

夢へのステップ 4

リーダーシップを持ち、人を育てること

「教育とは隠れた才能を引き出すこと。それぞれの得意分野を見つけ、それを生かすことがリーダーの役目。そうやってリーダーが人を育て、チームワークを良くしないと、大きな仕事はできない。今の若者は大変なことを避けて気楽な生活を希望する人が多い。しかしそれでは世の中を良くして人を助けようという英雄は生まれない。自ら苦労を買って出る気持ちが世のためになっていく」

子育てと部下教育はほとんど同じ、ほめながら待つことが肝心。して見せて、言って聞かせて、させてみて、ほめてやることで人は育つ。優しく、厳しく、楽しく、そして競争が教育の根本。夢と希望と自主性を持たせる。しかし放任はかなりリスクがありむずかしい。放任は結果であり、放任では人は育たないから要注意。

楽しく仕事をするためには本人のモラル・意識の高さが必要。そして、仕事が楽しくおもしろくなれば、人は自然に育つので、まずは興味を喚起するような仕掛けが必要となる。

子どもと親、部下と上司の間にはきちんとした線引きが重要だ。妙に親しくなれ合いの関係からは何も生まれない。厳しさだけでもダメだし、優しさだけでもダメだ。両方があってこそバランスの良い教育ができるものだ。

我慢や苦い経験は必要だが、同時に楽しい経験や成功経験も人を育て伸ばすためには必要だ。だから若い時にはたくさんの失敗経験と同時に、同じくらいたくさんの成功経験をさせるべきである。

リーダーの重要な役目の一つに部下教育がある。そして強い組織を作るためには、部下に人気のある愛されるリーダーにならないように努めることが大切である。愛されるリーダーは決断が鈍り、彼が率いる組織は弱体になることが多い。本当のところは恐れられるリーダーのもとで強い組織が作り上げられるものだ。なぜなら愛されるリーダーは大事な決断の時、愛してくれる部下の顔が次々浮かび厳しい決断ができなくなるからである。言い換えれば、組織を理性でまとめるのではなく、情でまとめると弱くなるということなのだ。さらに、優しくて愛されるリーダーの下では、部下はばらばらに、自己主張をするようになってしまうことが多いからだ。
そんな苦労までしてリーダーにならなくてもよいと思うかもしれない。ただはっきりしたことを一つ言っておくと、トップとナンバー2では経済面や人間関係や行動する世界が全く違う。トップにしか経験できないことがたくさんあるのだ。小さな組織だったとしても是非トップになるべきである。君の人生は一度しかないのだから幅広い世界を知ることができれば、今より多くの人や物と出会うことができるのだ。

夢へのステップ 5

事業を起こしてみよう。商売をしてみよう。奇跡を起こしてみよう。

「事業を成功させるためには、他に類のないもの、唯一のものを探せ。奇跡は起きると信じる者のところに起きるものである」

他に類を見ないような専門業は成功しやすい。なぜなら競争相手が少なく無駄なことをしないで済むから。特にまだまだ小さな組織は、他と戦って体力を失うだけでなく命さえ落としかねない。このようなことは絶対に避けるべきだ。そのためにも競争相手のいない分野から始めるべきである。無駄な資金や労力がかからない。このことは芸術の世界でも学問の世界でもどんな世界でも言えることである。

商売を考える時、なるべく多くの人に買ってもらうことを考えるより、まずは買ってくれる客層を絞って商品を開発し、限られた客層に合う商品を探してくるほうが成功しやすい。なぜなら的を絞ったほうがヒット商品を見つけやすいからである。

事業というものは社会的意義のあるものや、利用する人々にとって価値のあるものが重要であるし、そこを狙って開発された商品は特に人気も出やすい。

奇跡は諦めた者の前には、その感動的な姿を現すことはない。奇跡は起こるべくして起きていることを知るべきである。例えば、宝くじで一億円当たった人は意外なことに、当たったことを奇跡と思っている人は少ないそうだ。その多くの人は当てようと思って宝くじを買っている。その証拠に、一億円当てた人の一回の平均宝くじ購入額は、二十万円を超えているそうだ。一等を二回当てた人がいる。この人は一度に四百万円以上の宝くじを買うそうである。これはもう奇跡を当てる感覚ではない。

夢へのステップ 6

奇跡の話

今から五十年以上も前の話です。

静岡県のある港町から、数隻のマグロはえ縄漁の漁船団が、六月のある日に南太平洋に向けて出発しました。この中の一隻に十五歳の好奇心の強い、まだまだ子どもらしさの抜けない明るい少年が乗り組んでいました。名前は健介。彼にとっては初めての遠洋航海で、胸をときめかせて乗り組んでいました。

やがて、漁船団が日本から二週間以上の日数をかけて、はるばる漁場であるマリアナ諸島の海域に到着した時のことです。不運なことに、この海域ではこの時期としては珍しい台風が突然発生しました。あまりに急激に台風が大きく成長したために、漁船団の船の多くは逃げ遅れ、南太平洋の強風と高波に飲み込まれてしまいました。そして、この台風は多くの漁船とその船員の命を奪い、この遭難事件は大きなニュースとして新聞にも取り上げられました。

この時の出来事です。健介少年の乗っていた船も例外ではなく遭難し、彼は夜の海にたった一人投げ出されてしまいました。

「きっと誰かがすぐに助けてくれるさ」と健介はさほど心配もせずに、得意の水泳で暗い波間を漂っていました。しかし風はますます激しくなり、波はどんどん高くなりもう泳ぐのも精いっぱいになりました。

「がんばりなさい。あきらめてはだめよ。必ず助かるわよ。がんばるのよ」

母の声が健介の耳には、はっきりと聞こえたのです。

「大丈夫、母さん心配かけてごめんなさい。絶対に死なないから」

健介は心の中で叫びました。しかしそれもやがて波間に消えて、漂流する少年の意識は次第に遠のいていきました。

どのくらいの間気を失っていたことでしょうか。しばらくして自分が大きな船板にしがみついていることに健介は気がつきました。こんなことを繰り返して少年の心は少しずつ不安と諦めの気持ちに支配されそうになりました。そんな時には大人の身体くらいあるこの木片に話しかけ、さびしさと不安を紛《まぎ》らわしながら漂っていました。

木片とともに二昼夜がたったころです。健介は運よく駆けつけた救助の船団に助けられました。救助船は三日三晩捜索をしましたが、結局この少年一人だけしか生存者は見つけられず、日本に引き返すことになりました。この救助船が引き返して三日目のことです。長い眠りから目を覚ました健介は、救助船の船長に尋ねました。

「僕と一緒にいた船板はどこですか？僕がしがみついていた木はどこにありますか」

船長は当たり前ですが、「君を助けた時に捨ててしまったよ」と言いました。

「どうかお願いですから、僕と一緒にいた船板を探してください。あれはぼくの命の恩人なのです。あの板がなければ、ぼくは生き延びることができませんでした。お願いします、お願いします。どうかあの板を探してください」

健介の哀願に船長はしばらく困惑の表情を浮かべながら考えました。

「遭難現場の南太平洋からもう二日と半日も北に来てしまっているし、戻って板切れを探しても見つかる確率なんてほぼ0％にちがいない。誰もがそう思うだろう。何しろ広い砂浜の中に落ちている一ミリの大きさの落とし物を見つけるようなものだ。でもこの少年がこんなに頼むなんて何か気になるなあ」

しかし、ここで一回目の奇跡が起きました。船長は遭難現場を後にして三日も立っているというのに、なんと現場に引き返す決断をしたのです。健介の真剣な表情と気持ちが船長の心を動かしたのです。

救助船は三日をかけて遭難現場の海域に到着しました。現場といっても北海道の面積よりも広い海域です。この中から長さわずか二メートルほどの板きれなんて見つかるわけもありません。優しい船長の指示でまる二日間捜索をしましたが、結局何も見つからず船は引き返すことになりました。

「ありがとうございました。ご迷惑をおかけしました」

肩を落とした健介は涙を流しながら船長にお詫びとお礼を言いました。

現場海域から離れる最後の夜、真っ暗な海面をサーチライトで照らしながら捜索船は日本に引き返すことにしました。やがて夜もふけて空には南十字星が輝いていました。

この時、二回目の奇跡が起きたのです。それはあまりに突然やってきました。真っ暗な海域を照らす、サーチライトの輪の中に何かが動いたのです。漂流物が見えたのです。そう、奇跡が起きたのです。

そこにはやはり板切れにしがみついて漂っている生存者たちがいたのです。この台風で遭難した日本の七人の漁師たちが、息も絶え絶えの状態で、やはり板切れや救命道具にしがみついて暗い波間を漂っていたのです。

健介少年の船板は結局見つかりませんでしたが、代わりに尊い七人の命が救われたのです。

ひょっとすると神様が板切れになって健介と七人の漁師の命を救ってくれたのかもしれません。

夢へのステップ 7

行動力と優先順位

「まずやってみよ。やるべきことの優先順位を決めておこう」

物事の優先順位を大切にする。まず自分の大切なもののベストテンを作ろう。やるべきことを重要な順番に並べたベストテンを作ろう。

準備にばかり時間をかけないこと、切り替えを早くすること。

考えてから走るより、走り出してから考えることも大切。

行動には素早さが肝心、満を持した行動は手遅れになることが多いから注意しよう。

120%の勝算がある時は迷わないで前進しよう。

120%の勝算のない時は様子を見ながら動くか、もう一度やるべきことを見直してみることが肝心だ。

素早い行動は勝つ確率と守る確率の両方を高めるから、早め早めに手を打つことが大事である。

夢へのステップ 8

人間的魅力について

「器が大きいとは損ができること、無駄ができること、人を許せること。器の大きい人物を目指そう」

自分の長所、短所をよく把握しておくこと

自分がどんな性格で、得意なこと不得意なことが何かも把握しておこう。そうすれば、自分の長所と短所もわかり、状況に応じて自分の能力を使い分けることができるものだ。

人には絶対的な魅力などない、自分の魅力を理解しよう

自分の魅力を理解し、それを磨くことが大切である。長所は時と場合によっては短所になることもあり、短所はまた長所になることがあるものだ。

概して積極思考・プラス思考の人は魅力的

暗い人、元気のない人を見ると周りの人は気を遣い心配する。人に心配かけるようでは甘えが先に立っている。プラス思考の人は、人に心配や不安を与えることが少ない。明るく前向きというだけで、周りの人はほっとするものだ。

人の話をよく聴く人は魅力的、人の話を肯定する人は魅力的

人に好かれる方法を教えよう。友だちを作る時、恋人を作る時、この方法を使えば大成功は間違いない。

それはひとことで言うと、相手の意見や考えに対して絶対に否定せず肯定することなのだ。人は誰でも自分の意見や考えに同調してくれる人は貴重だ。だから必ず肯定してくれる君は、相手にとってものすごく重要で大切な存在になるのだ。その結果相手も君のことが大好きになるものなのだ。一つ試してみてほしい。嘘のようにうまくいく。

人の考えや行動や結果を否定しない人は魅力的

世の中はそんなに甘くないよと言う人がよくいる。しかし、そう言って諦める人より、諦めずにぶつかっていける人の方が魅力的であり、そういう人は決して世の中は甘くないなんて偉そうな言い方はしないものだ。

容量の大きな、いろいろなタイプの人を受け入れることができる人は魅力的

人の能力には技能（英語が話せるとか、絵がうまいとか、足が速いなどの能力）と器量（好き嫌いがないとか、どんな環境でも、どんな人でも受け入れられる心の広さなど）の二つがある。技能は君の武器であり、器量は君の力の大きさともいえるのだ。

反応（人の要望に対する答え）の早い人は魅力的

早く答えてくれる人は誠意を感じるが、頼んだことをなかなかやってくれない人は、誠意がないと思われる。だからとにかく人の頼みや質問には、できるだけ早く反応すべきである。

勤勉な人、結果を出す人は魅力的

これは当たり前、勤勉で努力家は必ず結果を出す。結果を出す人はみんなから信頼され、尊敬されるようになる。やはりどんな場合でもまじめな努力は欠かせない。

一つのことに一途で誠実な人は魅力的

どんな場合でも一つのことに打ち込むことは、その道の専門家として生きる道が見つかるだけでなく、大勢の人に頼りにされ、人の役に立つものである。

明るい人は魅力的

明るさというものは太陽みたいなものだ。太陽がなければこの世は暗黒の世界だ。明るい人はみんなを照らし、みんなを励まし、みんなを勇気付ける。そして最後に暖かさで包んでくれる。明るい人はどんな場合でも魅力的である。

他に共鳴してくれる人は魅力的

自分が感動したり、感心したり、悲しんだりした時、一緒に同じように共鳴してくれる人は大切な人だ。同じような感性を持つその人のそばにいたくなるはずだ。

自己を飾らず自然である人は魅力的

格好をつけずありのままでいることは、勇気がいるかもしれないが、実はそのほうが周りの人から見た時安心でき、信頼でき、心を許してくれるものだ。世の中の本物といわれる一流の人たちは、みなこのタイプである。

夢へのステップ 9

苦戦時の対策

「まず深呼吸して不安を取り除け。そして風向きが変わるのを待て。それでもだめなときは環境を変えよう」

苦戦の原因を徹底的に究明する。矢印を引き原因の原因の、そのまた原因を見つけてみる。正体がわかれば恐怖がなくなる。いじめなどのような正体がはっきりしないものからは逃げたほうが良い。

苦しい時にいろいろ工夫することによって良い種が生まれ、順調な時に油断することが多くの悪い種を生む。これは世の常である。

苦戦のときはイチかバチかの勝負はしないこと、必ず失敗する。遊びでする賭け事は成功することもあるが、すべてを賭けての勝負はまず負けると思え。

大苦戦の時は戦わず、逃げられる限り逃げよ。学校でいじめなどにあって大苦戦したら、迷わず転校したほうが良い。いじめなど理屈に合わないことが社会にはある。これといくら戦っても徒労に終わるだけである。中国の有名な古典(「三十六計」)でも、「最後の最も有効な戦略は逃げることである」と言っている。逃げる決断はむずかしい、しかし大切だ。真の勇気が問われる場面でもある。

夢へのステップ 10

楽しむこと、夢中になることの大切さ

「いやなことはやめろ、我慢して無理してするな。何の得にもならない。本来仕事や人生は楽しくなくてはいけない。それもとびきり楽しいのが良い」

仕事を継続するには楽しくなければならない。つらいことやつまらないことは、途中でやめたくなってしまうし、続かない。

楽しいこと、好きなことは、苦しくてもつらくても続くし、休みを取りたいとも思わなくなるくらい楽しい。楽しみながらすることはいつの間にか、高いレベルになっていることが多いものだ。

人生のなかで楽しいことを持っていないのは不幸せ。趣味が楽しい人は大勢いるが、仕事が楽しい人は少ない。仕事も楽しいに越したことはないし、その方が確実に成功しやすい。だから楽しい仕事をするべきである。

楽しむためにはまず義務感を捨てること。「ねばならない」とか「しないといけない」という義務感や拘束感は捨てよう。

人生では楽しいことをたくさん持っていることが、理想的で幸せなこと。

好きなことだけやって、嫌いなことをしないことも大切。好きなことは苦しくない、つらくない。だから長続きして夢がかないやすいのだ。

夢へのステップ 11

金メダルと銅メダルの違い

「オリンピックで金メダルを取る選手と、銅メダルの選手の間にある決定的な違いは何だろうか」

おそらくスタート前に、すでに運命の金メダルと銅メダルは決まっていたに違いない。ここに最もわかりやすい例がある。シドニー五輪の女子マラソンで金メダルを取った高橋尚子と、アトランタ五輪で銅メダルを取った有森裕子の違いである。高橋はスタート直前にイヤホーンで好きな音楽を聴いていた。それは自分自身をリラックスさせるというよりむしろ好きな曲だからといった感じであった。彼女はすでに自分が金メダルを取ることを当然のこととして確信していたのだ。

これに対して有森は三位でゴールインした後、「自分をほめてあげたい」と三位である結果に十分に満足したコメントを出した。この違いがわかるだろうか。

高橋の金メダルは取るべくしてとったメダルなのだ。これに対して有森のメダルはたまたま取れたメダルなのだ。彼女にはもちろんメダルを取る努力も能力もあった。金メダルを取る能力もあったかもしれない。ただ当然取れるという心の準備はなかったと思う。つまり、物事を達成するにはこの当然という心の準備が大事なのだ。

このことは人生の途中で起きる多くの通過点でも言えることなのだ。例えば受験。自分の志望校に入るための努力は誰でもするだろう。ただ自分が当然合格できるというところまで努力をする人は少ない。当然合格と思うまで努力した人は必ず合格する。自分が当然社会で大成功すると思って準備した人は、いつの日か必ず大成功している。これが人生の法則なのだ。

夢へのステップ 12

人の見方、見抜き方

「人の見せる態度には嘘が多いことを知れ。だからすぐに感心しないで、よく相手を観察することが大事である」

●人は見かけによらぬもの

見るからに大げさな人は、実は逆で力がないことが多い。

巧言令色《こうげんれいしょく》〈お世辞やうやうやしい態度〉は嘘が多いから注意せよ。

豪放磊落《ごうほうらいらく》に見える人ほど小心である。

人と群れたがる人は、お人好しで気の弱いところはあるが、親切である。

いかにも仕事ができそうな人ほど、仕事ができないことが多い。

見るからの優しさや親切には、必ず狙いがあるから注意せよ。

安請け合いや調子の良い返事は、誠意がないものだ。

人の話をよく聞く人は優しい心の持ち主である。

注意をしてくれない人は、こちらに興味がない。逆によく注意してくれる人は、本当に優しい人だから大切にせよ。

まじめで融通の利かない人は人を裏切らないから大切にせよ。

お世辞には必ず狙いがある。特に人の劣等感や悩みをついてお世辞を言う人には注意せよ。

指導者で、部下や子どもを放任する人は指導の自信がない。

暗い人は思わぬ敵意を持ちやすいから、近づかないほうが良い。

親孝行な人は義理堅く誠実である。親孝行は、人を判断する時の最高の材料である。

口数の多い人は我慢が下手である。口数の少ない人は逆に我慢強い。愚痴を言う人は伸びない。愚痴は可能性の扉を閉ざしてしまうから、言わないようにしよう。

仕事や動作の変わり目に時間のかかる人は、世間知らずでのんびり屋だ。自信のある人ほど人の忠告をよく聞く。逆に自信のない人は耳に栓をして、人の忠告を受け入れない人が多い。

人のことを考えないマイペースの人は実行力がある。知識や情報はマイナスイメージをもたらすことがあるから、情報過多にならないように気を付けよう。

●態度に見える人の本質

商売の際に、値切る人こそ真剣に買いたいと思っているから大切にしよう。本当のお金持ちは質素に生きている。派手に生きて羽振りの良い人は一時的なものであることが多い。

部下として最も大切な資質は、まじめさと従順さである。

上司として最も大切な資質は、部下への思いやりと責任感である。

最も大切な男らしさは、度胸と家族を守る気持ちである。

最も大切な女らしさは、愛嬌と家族をまとめる安定力である。

人は別れ際、去り際に本心があらわれる。

愚痴や文句を言わない人は幸せになる。

人に恩を着せる人は、そのために自分自身で苦しむことが多いから、人にかけた恩は忘れるようにしよう。

厳しいところに飛び込んでいく勇気のある人は、成功する確率が高いが、身の安全を測りながらやる必要がある。

人は自分を認めてくれる人の前では全力を尽くす。これは人使いの大事なポイントである。

自分にやましい所や弱みがある人は、人に対して甘くなりがち。

仕事に真剣に取り組んでいる上司は部下から見て怖いもの。部下に優しく甘い上司になってはいけない。

人には守備範囲が必ずあり、オールマイティーな人など絶対いない。だから、自分にできない範囲は、それができる人の力を借りることが大事だ。

夢へのステップ

13

人生の罠、落とし穴

「人は威張ったり驕《おご》ったりすると没落することが多い。そしてみじめな思いをするものだ。このことは長い人生でよく目にする出来事でもある。「おごれる者も久しからず、ただ春の夜の夢のごとし」（平家物語より）」


人生の最大の過ちは、すべてその人間の傲慢《ごうまん》に起因する。

利害に関するもの、詳しい知識が必要な根源的なことは、専門家に必ず相談せよ。

世の中に決していい話はない。タナボタ式のいい話には絶対に乗るな。あとで悪い結果が待っている。

自分の評価を常に正しく把握することが大切、同時に人の評価も正しくするよう努力せよ。

この際自分には甘い評価をしがちになるから注意せよ。

お世辞を言う人間と暗い人間には、近づかぬよう、近づけぬようにせよ。

どんな人に対しても、威張らずに優しく謙虚に接することが肝心。

調子に乗ったり、傲慢になったりして人生を賭けるようなこと、一か八かの勝負はするな、必ず失敗する。

勝負を賭けるのは、勝算が１２０％以上ある時だけにせよ。

夢へのステップ 14

トラブルの解決法

「一人で解決するな。専門家の力を借りよ」

すべてのトラブルは正しく対処することによって解決する。一人で悩まず、必ず周りの多くの人に相談せよ。

当事者同士で話し合わずに、弁護士のような第三者を通したほうが良い場合が多い。

トラブルの多くは早めに手を打つことによって、解決が楽になる。放置しないほうが良い。

決して感情的にならず、冷静に対応することが必要。その際一人で判断せず、人の意見を必ず聞くようにしよう。

相手の立場になって考えると容易に解決策が見つかることが多い。特に話し合いになった場合は、まずよく相手の話を聞くことが解決の第一歩である。

専門の知識が必要な場合は専門家に相談すること。専門家はこんな時のためにいるのだから大いに利用したほうが良い。

まったく損をしないような解決策は考えるな、相手の逃げ道も用意せよ。

特にいじめのような原因がないようなトラブルは、一人で解決せずに多くの人の知恵を借りよ。恥ずかしいことでも何でもないから、みんなに相談して解決策を見つけるようにしよう。

夢へのステップ 15

プラス思考と自信

「プラス思考をして損なことは何一つない。プラス思考こそ成功のための大事な鍵だ。積極的な思考は人を動かし、歴史を動かしてきた」

自信は己《おのれ》を正しく分析し長所、短所を把握することによって生ずる。プラス思考の元は自信を持つことである。

弱気になるとすべてが後ろ向きに逆回転する。人には雌時《めどき》と雄時《おどき》がある。弱気で後ろ向きな雌時に決めたことはだいたい失敗するが、勇ましく前向きの雄時に決めたことは、うまくいくことが多い。

強気になると幸運が味方することが多い。幸運の女神は強気が好みだ。

強気になるにはプラス思考の習慣が必要である。そのためには自分自身の長所、短所をよく理解し、使い分けるようにすると自信が身に付く。そして簡単なことでいいから小さな成功体験を持つことである。

いろいろな情報を整理して、正しく判断しないと人はマイナス思考になりがち。ただし、一度プラス思考の習慣が身に付くと弱気から解放される。

自信こそ将来に向けての挑戦意欲につながる。だから、自分自身を自分で認めなくて、誰が認めてくれるのか？　君は自分自身が好きだろうか。自己嫌悪はあまり続くとマイナス思考になるから要注意。極端でない限り自己愛を持っていることはとても良いことだ。

マイナス思考になって何が良いのか？　臆病になるだけだ。プラス思考、積極思考でいた方がすべての点で得なことは間違いない。

夢へのステップ

16

最善の策

「勝ち目のないときは格好をつけずに、一目散に逃げよ」

悪い状態が続いた時、解決策の尽きた時は、逃げることを考えよ。逃げることも大事な戦術の一つである。

逃げることは格好の悪いことではない、むしろとても勇気のいることである。攻めることより退く時のほうが、決断も勇気も必要である。

戦わずに逃げることが、次のステップに大きな余力を残すから、再起をかけて逃げるようにしよう。

逃げて逃げて逃げまくれ、格好など気にするな。「三十六計逃げるに如《し》かず」という言葉の通り、逃げることは最高の解決策でもある。そして、失ったものを考えるより残ったものを考えよ。何も残っていなくてもよい、君の身体一つあれば何とかなるものだ。

残すべき大切な物や人のことを常に考えて、次の準備をすることが大事だ。再起可能なことが重要なのだ。
潔さは何の足しにもならない。粘り強く諦めないことが未来を切り拓くのだ。

夢へのステップ 17

運と不運

「幸運はさらなる幸運を呼び、不運は次なる不運を呼ぶ」

運と不運はすべての人に平等に訪れる。統計学的に考えれば、当然のことながらどの人にも運と不運は平等にやってくるはずだが、世の中には運の良い人と運の悪い人が必ずいる。この違いは何だろうか。ツイている人はどんなことにも諦めずに、自分のツキを信じて前進するが、運の悪い人は「どうせだめだよ」と思って、途中で諦めていることが多い。ここが運命の分かれ道なのだ。
運を捕まえるにはプラス思考と努力が大切。そして自分がツイいていると思うことが肝心だ。運を呼び込むコツは次のようになる。

運を諦めずに継続的に捕まえようとする気持ちが必要。

運は捕まえられると思っている人にしか捕まえられない。

運は自分自身を幸運だと思っている人に訪れることが多い。

運不運は統計学的には単なる「一瞬の揺らぎだ」が、運を呼び込むことはできる。

長い人生には猛烈にツクことが二、三回ある。そのチャンスを逃さぬよう用心深く対処しよう。

運は切り開けるものであるが、日頃から頭を柔らかくして、チャンスをつかむ心の準備をしておくことが大事だ。ここで言う心の準備とは、いつチャンスが来るかもしれないという期待を常に持って、準備していることである。棚からぼたもちのような運はまずない。君の努力の結果として運が向いて来るのである。

夢へのステップ 18

青い鳥の話

「一生懸命に見ようとしても見えないが、君たちの心に何か夢ができ、希望がわいた時に、ふっと頭の上を見てごらん。何羽もの青い小鳥が楽しそうに飛んでいるのが見えるはずだ。こんな時、そっと手を伸ばしてこの青い小鳥をうまく捕まえることができれば、君たちの夢はかなえられるんだ。諦めてはいけない、根気よくやってごらん」

老人はそう言い残して健介と康太の兄弟の前から去っていった。

二人はキツネにつままれたような気持ちで、身なりの粗末なその老人が、お宮の鳥居を抜けて、森の中に消えていくうしろ姿を見つめていた。

「今のおじいちゃん、なんか仙人みたいだね」

弟の康太がつぶやいた。

「きっとここのお宮の神様さ」

兄の健介は真剣な顔で答えた。二人はさっきからしていたどんぐり拾いをまた始めた。家で飼っているシマリスのごはんだ。いっぱい拾ったドングリをポケットに詰め込んで、無言のまま歩き始めたが、二人ともさっきの老人のことが何となく気になっていた。それともその晩に起きる大変な事件の予感だったのだろうか。健介も康太も言葉を一言も交わさずに家に戻った。

秋の夕暮は素早く、あたりはすっかり暗くなっていた。

本格的に雨が降り出したのはその日の夜遅く、日付が変わろうとする頃だった。健介と康太はテレビの天気予報で、台風が前線を刺激して雨が強くなることを見て寝床についた。明日の運動会の予行演習はきっと中止だろう、そんな話を二人でしながらやがて眠ってしまった。

あたりが白んできた早朝のこと。ドーン・ドドーンと大きな音と地響きで、二人は跳び起きた。

「何があったのだろう」

二人がそう思う間もなく、家の外で村の人々の騒ぐ声が聞こえてきた。その声がザーザーっと激しく降る雨の音にかき消され、よく聞こえない。

「まだ人が家の中にいるぞー。消防団を呼んで来い」

「裏山から泥水が急に流れてきたぞ。危ないから避難しろ」

「だめだ、子どもたちがいる。助けるのが先だ」

二人の緊張がピークに達した時、奥の部屋からお母さんの声がした。悲しいような、いつもとは全く違った真剣な声だった。

「早く逃げなさい。山が崩れそうよ。健ちゃんも康ちゃんも急ぐのよ。早くして」

お母さんの震える声が終わるか終らない時、

「ドーン、バリバリバリ、ガシーン」

家全体が大きく揺れて電気がパッと消え、夜明けの薄白い光も、建物の残骸や土砂の下では全く見えず、あたりはどんなに目を大きく開けても、何一つ見えない暗闇になった。

「康ちゃん、康ちゃん、おかあさん、おかあさーん」

健介は必死だった。何が今起きたのか、自分がどんな状況下か全くわからない。ただただ大変なことが我が身に迫っていることだけは理解できた。

「兄ちゃんここだよ。何にも見えない」

弟の康太は、半分泣きながら兄の健介に答えた。

「康ちゃん、手を出しな。ここだよ。こっちだよ」

健介の懸命に伸ばした指の先に、わずかに康太の指が触れた。

「兄ちゃん、怖いよ。泥が首まできたよ」

「大丈夫、がんばれ康ちゃん」

と言ったものの健介も身体が震えている。康太の泣き声もだんだん小さくなり、康太が弱ってきたように思える。そうこうしているうちに、いつまた裏山が崩れて健介たちの上に、大量の土砂が押し寄せてくるとも限らない。今はさしあたっての目の前の恐怖と戦うしかない。健介は急に自分が強く冷静になったように感じた。

その時、昨日お宮で出会った老人のことを思い出した。あの青い鳥の話は本当だと思った。心に希望を持てば、青い鳥が頭の上を飛ぶのが見えるのだろうか。健介はこの場から自分たちが助かるのではないかと思えてきた。この暗闇の中でも青い鳥は見えるのだろうか。健介は目を大きく開いて自分の頭の上を見つめた。

「何も見えないじゃないか」

健介は心の中でつぶやいた。

「いや、待てよ。あそこに小さく見える動くものは何だ」

健介は暗闇の中に、小さいながらも美しい青い鳥を見つけた。

「青い鳥だ」

青い鳥は少しずつ大きくなって、健介の方に近づいてきた。

「手を伸ばすんだ。青い鳥をつかまえなくては。康ちゃんだって死んでしまうかもしれない」

健介は必死だった。康太にいくら声をかけても返事が返ってこない。健介はあわてていた。

「康ちゃん、しっかりして」

健介は一生懸命に手を伸ばした。届きそうで届かない。青い鳥をつかまえないと、自分と弟の生命が危ないという気持ちで必死だった。腕が肩から外れるのではないかと思うくらいに伸ばした。青い鳥は今すぐそこにいる。だんだん大きくなる。

「つかまえた。つかまえた」

健介は大きな声で叫んだ。

と、その時、健介の手を大きく温かな手がぐいっとつかみ、引き上げた。

「大丈夫か。今助けるぞ、がんばるんだ」

消防団の若い男の人が助けてくれたのだ。もちろん康太も助かった。

健介が見た大きな青い鳥は、雨上りの青空が土砂と建物の隙間から見えていたのだ。

そのすき間からのぞいた健介の小さな手は、生きる希望に向けて諦めなかった健介の気持ちの表れだった。

引き上げられた健介と康太を、お母さんは泣きながらいつまでも抱きしめていた。

お宮の森の上にあった青空は、いつの間にか朱鷺《とき》色の薄赤い夕焼け空に変わっていた。

夢へのステップ 19

攻守はどちらも戦略

「戦うことは基本的には体力を消耗して、自らの力や勢いを落とすだけだ。やむを得ない場合以外は極力避けよ。「敵を知り己れを知れば百戦危うからず」（孫子）」

攻めてばかりいれば疲弊するし、守ってばかりいれば、敵は安心して反撃のないことをいいことにして攻めかかる。

戦わずして勝つのが最も良いが、そのためには敵の状況や事情を正確に理解しておくことが肝心だ。

負け戦《いくさ》はしてはいけない。勝ち目のある戦だけ戦うようにすべきだ。

第2章

楽しく充実した人生を送るために必要なこと

夢へのステップ 1

成功（良いことが起きる）の兆《きざ》し

「大成功する時は、ドキドキするような絶対の自信とタイミングの良さと世の中の需要がある。成功する時は不思議と120％の成功の確率を感じるものだ」


他人の力を借りずに成功する確率が、120％あると思える時。

細かな具体的な戦略と、成功イメージがはっきり思い浮かぶ時。

幸運とかラッキーというのではなく、確実に成功するという確信を心にもてる時。

失敗する要因を探しても一つもない時。こんな時は迷わず前に進もう。

大成功する時は、必ず世の中からの需要と後押しがある。いわゆる追い風というようなものではなく、もっとずっと強い背中を蹴られるような後押しがあるものだ。

夢や目標が具体的になればなるほど、成功の兆しは強くなってくる。

夢へのステップ 2

大空に舞い上がる巣立ちの兆し

健介はある夜、不思議な夢を見た。

学校の帰りに公園の横を通ると、雑草と思っていたヤブカラシにきれいなオレンジ色の花が咲いていた。見落としそうな小さな花だが、その花に大きなスズメバチが来て蜜を吸ってい た。スズメバチに刺されると大変なので、健介は逃げようとしたが足が動かない。でもスズメバチはやがて蜜を吸い終わって、どこかに飛んでいった。ほっとした瞬間、健介は自分の身体が軽くなって、いつの間にか少し浮いているのに気が付いた。足元を見ると、自分の足が地面からほんの少し離れていた。

「浮いている！」

健介は驚きのあまり大声で叫んだ。何だかとてもうれしい気持ちになってきた。健介は両手を鳥が羽ばたくようにパタパタと動かしてみながら、再び足元を見ると足が地面からどんどん離れていく。もう一メートルは離れている。さらに動かすとフワリフワリと高くなる。もう電線の高さを越えている。楽しくて楽しくてたまらない。目の高さをさっき見たスズメバチが飛んでいる。でも今は少しも怖くない。

不可能だと思っていたことができるようになった喜びが、全身を駆け巡った。

健介がこの夢を見るのは初めてではない。今までにも何度か見たことがある。そしてこの夢を見た時は、必ずその後にとても良いことが起きるのだ。きっと良いことが起きる予感があったのかもしれない。いや、もっともっと強い自信のようなものが心にあったのかもしれない。

この日の夕方、あたりが暗くなりかけた頃、健介は康太と二人でお宮の裏にあるクヌギ林にカブトムシを捕りに出かけた。この森はかつて炭を作るためのクヌギやカシを育てていた所で、今でも大木が何本も立っている。この樹液に夜になるとたくさんの種類の虫たちが集まってくる。カブトムシ、コクワガタ、コカブト、ノコギリクワガタ、アカアシクワガタなど。本当に運が良ければ、オオクワガタがいることもある。オオクワガタは七センチもあるような超大物もいる。

夕食後二人は、懐中電灯と虫かごと捕虫網を手に森に向かった。まず最初のポイントだ。この木は細いが、よくクワガタが捕れるカシの木だ。二人は声を合わせて足でこの木の幹を蹴っ飛ばす。と同時にバラバラバラと木の上の方から、雨のように何かが落ちてくる。クワガタの雨だ。ノコギリクワガタ・コクワガタが雨のように降ってくる。一度に二十匹も捕まえた。

「大漁だ！」

次はクヌギの大木だ。昼は紫色に輝く大型の蝶、オオムラサキが何十匹も樹液に群がってい る木だ。予定通りだった。たくさんのカブトムシが樹液に集まっている。まるでみんなで頭を寄せ合って、むずかしい会議をしているようだ。シロスジカミキリやミヤマカミキリもいる。ゴミムシやシデムシまで来ている。夜の森は本当ににぎやかだ。

二人は次々とクヌギやカシの幹や、根元の樹液の出ているところを見て回り、一時間もしないで七十匹以上のカブトムシやクワガタムシを捕まえた。大満足だった。健介も康太も、勝ち誇ったお相撲さんのように胸を張って、森の小道を手をつないで家に向かった。

森の入り口まで来た時、健介は足を止めた。森の入り口に立っている、大きな桜の古木が目当てだった。ここで町の人が、三年前にオオクワガタを捕ったことがあったからだ。

暗いじめじめした洞《うろ》の中は、甘酢っぱい樹液のにおいがしている。健介は桜の木の洞の中を懐中電灯で照らしてみた。真っ暗な雨水がたっまっている洞の中に、何かうごめくものが見えるではないか。

「いた！　オオクワだ！」

そこに見えたのは、巨大な黒光りした角を付け、触角をピクピクさせたオオクワガタの姿だった。健介の手はブルブル震えた。生まれて初めて見る生きたオオクワガタ。しかも七センチをはるかに超える大きさだ、日本最大級のオオクワガタだった。こんな大きさは図鑑にも載っていなかった。

家に戻って康太と定規をあてて正確な大きさを測ってみた。何と八センチ二ミリ！　日本記録だ。かつて誰一人としてこんな大きさのオオクワガタを捕った者はいない。

何か良いことがある時は、健介は決まって空を飛ぶ夢を見た。偶然に見たわけではない。健介は前からいつもオオクワガタを捕りたいと思い続けていた。その結果、予感がして空を飛ぶ夢につながったように、自分では思っている。だから夢を見続けている者はこんな経験をすることが多い。この「予感」こそが、夢に向かっている者のみが経験する不思議な出来事なのだ。

夢へのステップ 3

度量、器量を身に付けるには

「人を好きになることが基本である。損ができること、人を許せることが器の大きさの元である」

我慢も大事だが、無理せずに自然な生き方をすることが大事。

嫌いなもの、嫌いなこと、嫌いな人をなくす。食べ物の好き嫌いをなくすことは、器を大きくするための第一歩である。

分け前を独占してはいけない、必ず人に分けること。欲張るより分け与えることの方が、後で得をすることが多い。


格好をつけないで、常に自然なありのままの姿で振る舞うようにする。

ありのままで振る舞うことは、とても勇気がいるが、これを身に付けると肩から力が抜け、視野が広がり、より広い世界が見えるようになってくる。


自分が犠牲になることをいとわない人は器が大きい。

つらい経験が自分に役に立つことを知ると、人としての幅が広がる。

反感を買うのを恐れず、勇気をもって決断することも器を大きくする。

規則通りに何事も考えていると、人生の深みは測れない。

臨機応変な頭の柔らかさが大事だ。頭の柔らかさも器の大きさを呼ぶ。

自ら泥をかぶれる勇気を持つ。いいじゃないか、自分がやるよと言う気持ちが大事。けじめをつけることも大切、けじめのつけ方に度量が現れる。
損を恐れない。損ができる人、人を許せる人、リスクを冒せる人がやがて成功する。
真剣勝負を心掛ける。物事をする時は、常に真剣勝負と思って全力で臨め。

人を許すことが、やがて大きな得になる事を知る。ケチくさい人になってはいけない。物事を大きく眺め、小さなことに執着せず、大事なことを見落とさないような人物になることが望ましい。

夢へのステップ 4

人生にやる気と勇気を与えるもの

「つらいことを我慢してするな。楽しいことのみ考え思い浮かべるようにしよう。子どもはみな、みずみずしさという水分を持っている。このみずみずしさ

があると正義に感動し、美に感激し、不可能に挑戦する夢を見て、まっしぐらに突き進む勇気がわく。これぞ計算のない純粋な幼さなのかも知れない。これは年齢とともに色あせ、干からびてしまう。人間に大きな力とやる気と勇気を与えるのはこのみずみずしさである。楽しい人生を送るためには、次のようなことが大切だ」

人に恩を着せない。恩を着せれば自分が苦しくなるだけ。

人を批判しない。批判すれば自分も批判されるようになってくる。人はみな、自分の都合で人を批判する。

愚痴を言わない。ますます苦しくみじめになるだけ。

人目を気にしないような自分のペースを持つことが大事。ありのままで良い。

物事の選択肢を広く持つようにする。どんな食べ物でも、どんな人でも対応できる人は幸せ。

親孝行をする。親孝行は感謝の原点。親に感謝できない人がどうして他人に感謝できるだろうか。

好き嫌いをなくす。好き嫌いは人の器の大きさと柔軟さを左右する。

自己責任を貫く。人のせいにしない。すべては自分が決めたこと、自分の責任なのだからと思うことができれば幸せである。

人間本来のみずみずしさを失わない。楽しく夢中になることを持つことがみずみずしさの原点である。

大好きなことをいつも持っている。「好きこそものの上手なれ」――大好きなことはうまくいくことが多い。

笑顔が次々と笑顔を呼ぶ。笑顔の周りには笑顔が生まれる。

「笑う門には福来たる」笑顔が一番大事。笑顔は自分のためにもなるのだ。笑顔は自分に対する微笑みでもあるのだ。

夢へのステップ 5

楽しく遊び、上手にお金を使う

「子どもがそうであるように、大人も遊びから学ぶことは数多い。よく遊ぶ子は働き者になる。子どもにとって遊ぶことは働くことと同じな

のだ。人生では、遊ぶ子の方が遊ばない子より多くのチャンスを持っているものだ」

勉強だけでなく遊びというものは、車のハンドルの「遊び」のように、余裕と臨機応変さを身に付けるために役に立つもの。

遊びは新たな創造性や可能性を生み出し、人間性の幅を広げる。

遊びは一歩間違えると放蕩《ほうとう》になるから、上手な遊び方が大事。

遊びには厳然たるルールが必要なことがある。守れないなら遊ぶな。

相手やお金に振り回されるような遊びは、最も避けるべきものである。これはもはや遊びではない。「朱《しゅ》に交われば赤くなる」ということわざの通り、悪い仲間と交われば悪くなるし、レベルの高い仲間と交われば、高いレベルになるものだ。注意が必要である。

遊びにはお金を惜しんではいけない。だから余裕がない時は、お金のかかる遊びはするな。

お金の使い方がきれいであること、人に対して気前のいいことが遊びの基本。お金の使い方にその人の人柄が現れるから、気を付けないといけない。ケチな人はそれなりにお金のかからない遊びをすれば良い。

余力のない者が遊ぶと、汚い遊び方になるので要注意。

いつの間にか遊びが主役になるようでは、遊んではいけない。遊びはあくまで遊びである。普段、お金は優先順位を付けて使うことが必要だが、遊びでは優先順位がいらない。自分を高めて成長させる様なお金の使い方が大事である。

情けとお金は人のために使っても、必ず自分に戻ってくる。「情けは人の為ならず」と同じである。

夢へのステップ 6

自己成長とその意欲

「こんな人になりたいという目標を持つようにする」

人には成長する人としない人がいる。年齢が増えても中身が変わらない人も多い。成長する人は年齢と関係なく伸びてゆく。成長しない人はいつまでたっても同じことを繰り返しているものである。

その決定的な違いは、意欲の有無と自分自身の向上心である。向上心を支えるものは、その人の環境や、夢やチャレンジ性である。いずれにしても目標を立てることは大切である。

自己成長できる人は、建前や見栄を気にしないで、自分に真の実力をつけようとする。とにかく本物を目指すことが何より大事である。

目標や夢を持つと自己成長しやすくなる。だから夢や目標や理想はチャレンジ性の元となり、大事なことである。何をしたいか、どんな人物になりたいか、そしてどんな人生を送りたいかを、若いうちに考えておくことはとても重要なことだ。人生の目標が若い時からできている人は、迷わず道を突き進むことができる。

人を認めること、人から認められることが自己成長を促す。だから認めてもらうように努力することが肝心だ。

ほめられる、頼られると人は必ず成長する。だからほめられるような人になりたいと思い、精進することが自分自身を向上させるものだ。

夢へのステップ

7 嘘が本当になる話

嘘にはいろんな嘘がある。嘘も方便というような嘘、自分の身を守るための卑怯な嘘、自分の希望や夢を嘘のように語る大ボラなど様々だが、ここでいう嘘とは最後の大ボラの話だ。

健介の友だちに周平という少年がいた。明るく活発な子でいつもおもしろいことを言うので、周平と遊ぶのが健介も好きだった。ある時周平が健介にこんなことを言った。

「この前、じいちゃんの家の畑で小判が見つかって、大勢の大人が見に来たんだって。なんでも江戸時代の珍しい小判で、その一枚だけで自動車が買えるんだってじいちゃんが言っていたよ」

「へー、すごいなあ。春に菜の花でいっぱいになる畑だね」

健介はその畑で今までも何度か遊んだことがある。

「そうだよ、あそこだよ」

健介はとてもうらやましかった。健介は埋蔵金発見の話や、恐竜の化石を見つけた話が大好きだった。だから周平の話を聞いて、自分の身近で現実にこんなことが起きたということがうれしいし、うらやましかった。

「小判見せてくれる？」

「じいちゃんが箱に入れて持っているよ」

周平は素っ気ない返事をした。それから数日後。健介は学校の帰りに周平の家に寄ってみた。周平はいなかったが、姉の悦子がいた。

「畑で見つかった小判を見せてください」

健介の声を聞くと悦子は急に笑い出した。

「小判じゃないわ。寛永通宝という銅銭よ、見つかったのは」

そう言いながら悦子は、マッチ箱に入れてある銅銭を見せてくれた。

「周ちゃんから聞いたんです。ありがとうございます」

翌週の土曜日の放課後、このことで周平は健介に一つの提案をした。

「健ちゃんなあ、絶対あるんだよ。あそこに小判が」

「それじゃあ二人で探そうよ」

健介と周平は、学校の潮干狩り遠足でもらったスコップと熊手を持って畑に向かった。一時間、二時間、夢中で掘った。しかし何も出てこない。でも二人とも帰ろうとは言いださなかった。何も出てこないのに何か楽しいもの、ゾクゾクさせるものがあった。今に見つかるかもしれないという期待感が二人にいつまでも土を掘らせた。

　二人のお腹がグーっと鳴り出した時だった。周平の熊手がカチャッと何かに当たった。小判だと思ってみると熊手の先には何枚もの銅銭があった。がっかりしたが二人のスコップを持つ手にはますます力が入っていた。子どもにとって銅銭だって最高の宝物だ。もう空腹感なんて二人にとってはどこかに飛んで行ってしまった。それどころかその二十分後には健介の熊手になんと本物の金色の小判がかかっていたのだ。続いて周平の熊手も小判をとらえた。もう何が何だかわからないほど興奮する二人の少年の拾った小判は、これだけではなかった。この後、半日がかりで、全部で十五枚の小判がザクザクと出てきた。新聞記事にまでなる大騒ぎになった。

「本当の小判を取っちゃったね。夢みたい」と健介は思った。

　周平は得意げに言った。

「なあ、言った通りだろ？」

夢へのステップ 8

人生の大病

「人生で大きな失敗のもとになるものは「油断、傲慢、怠惰《たいだ》」の三つである。人生では絶頂期に悪い種ができ、困難低迷期に良い種ができるものである」

意地を張る——我を通す、人のアドバイスを聞かない。これも傲慢の一つである。

威張る——傲慢である。人に冷たい。自分ばかりがいい思いをするのが当たり前になる。

借金をする——実力以上の借金は命取りになることが多い。借金は実力を忘れ、自分の力を過信させることがあるから要注意。油断のもとにもなる。

分け与えない——人に分け与えない、自分を中心に考えてすべてを独占してしまう。これでは人は付いてこない。

騙《だま》す——悪意を持って人に接する。努力しないで良い結果を得るのは怠惰の一種。悪意がなくとも、人を騙すことにならないように気を配る必要がある。

怠ける——自分の責任を全うしない。勤勉でない。少しずつの油断や怠惰が大きな失敗につながる。怠けは習慣になるから注意すべきである。

諦める——弱音がすぐ出る、責任を人のせいにする。失敗は成功のもと。失敗しても諦めなければ、それは必ず成功につながる。諦めない限り失敗にはならないのだ。

油断する——用心を忘れる、周りの人がすべて良い人だと思う。状況判断が甘くなる。

夢へのステップ 9

人生に福をもたらすもの

「プラス思考、勤勉、健康の三つが人生にとっては大切な要素である」

人を認める、人をほめる——人を非難してはいけない。非難や批判の気持ちがあっても黙って推移を見守るようにしよう。

恩を着せない——恩を着せなければ何があっても腹が立たない。

不平不満、愚痴を言わない——愚痴は自分に跳ね返ってくるから、言うだけ損である。

独占せずに分け合う――分け合うことがリーダーシップの原点である。
細かくなりすぎない――優先順位の低いものはそれなりで良い。
明るく人の面倒見が良い――人の力を借りることが人生には必ず起きる。その時のために人を育て面倒をよく見よう。
勤勉である――働き者であることが成功者の基本。
実行が早い――素早い動きと実行、これも成功者の必要条件。
人を当てにしない――基本的に人のやることを当てにしてはいけない。
物事を良い方に考える――この方が間違いなく楽しく人生を送ることができる。
健康に生きる――健康はすべての基本。暴飲暴食、喫煙、不規則な生活は注意せよ。

夢へのステップ 10

大勢《たいせい》を読み取る

「細かなことに気を取られず、重要なことを見逃さない」

物事の大勢を把握して優先順位をつける。重要なことは、ささいなことの何万倍も大事なことが多い。

細かなことを百回するより、大事なポイントを一回で押える。

大事なことを見極めるには細かなことに目をつぶれ。

雑音が多いと、大切なことを聞き逃すことがあるから注意せよ。

物事の優先順位は、常日頃から決めて置く方が良い。

夢へのステップ 11

賭け事

「賭け事は長い間やれば、必ず身を亡ぼす」

基本的には一か八かの勝負はしてはいけない。

余裕のある時だけに遊びでする以外は、賭け事はすべきではない。

賭け事は全体局面を読み、手堅くしたものの勝ち。

上げは二割で見切り、下げは一割で見切るのが相場の鉄則。

余分な欲を出さずに、勝ち逃げすることが大事。

賭け事で得たものを蓄えることができれば一級だが、誰もできない。

賭け事には誰もがはまる落とし穴が隠れている。損をすればそこで終了できるが、儲かった場合が厄介である。儲かると、いわゆる「美味しい思い」が忘れられず、深みにはまっていく人が多い。これが賭け事の誰もがはまる罠である。

夢へのステップ 12

ある相場師の話

昔、腕の良い相場師がいた。彼は株ばかりでなく、小豆や麦などの商品相場でも大儲けをしていた。彼の勘は鋭く、彼が買うものすべてが値を上げ、彼の売るものすべてが値を下げた。だから人々は、彼の買うものを真似して買い、彼が売るものを真似して売った。いわゆる提灯買いだ。彼は有頂天だった。

すべてがうまくいき、順風満帆の人生が送れるかに見えた。しかし、運命のいたずらか、ある時を境に、彼の買う株式も商品も、すべてが今までとは違って、全く値を上げなくなってしまった。それどころか、次々と値を下げ彼は大損してしまった。しかし彼には、今までに築き上げた莫大な財産があった。彼は自分の勘と経験を信じてさらに相場を張り続けた。すると神様の味方か、再び相場は上がり始め儲かりだした。しかしこれも長くは続かず、一進一退を繰り返すうちに、さしもの伝説の相場師は資金も底をつき、枯れ果ててしまった。

彼は友人や知り合いから多額の資金を借りて相場に戻ったが、結果は変らなかった。

彼は全財産を失っただけでなく、莫大な金額の借金まで背負うことになってしまった。

そして、失意のうちにその人生を閉じることになった。

夢へのステップ 13

損すること、人を許すことの大切さ

「能力より度量。大きな心を持って努力をしよう」

損して得取ることこそ、大成功の秘訣。

損することと人を許すことは同じ。

今、損をしても、十年後に大きな得をすることが読める。

損すること、人を許すことが幸せを招く。このことは余裕が生まれると自然にできるようになる。

度量が大きいことは、幸せに生きるための最大の要素。

夢へのステップ 14

人を恨んではいけない

「恨みや妬《ねた》みや憎しみは我が身を亡ぼすことが多い」


人を恨むことはマイナス思考の極みである。

人を恨んだり憎んだりする時間に、もっと前向きな建設的なことを考える方が有利である。

恨みや妬みや憎しみは、我が身を滅ぼす。

恨みや妬みは負の感情であるが、誰にでもあるものだ。だから自然にこれらの感情が出てくるものだ。しかしこの負の感情は君たちにとって何の役にも立たない。これらの感情がでてきたらさっさと頭を切り替えた方が良いに決まっている。

夢へのステップ 15

無我の境地とは

「真の自信ができれば、無我の境地に近づくことができる。余分な雑念や気遣いを振り切り、何も意識しない心を作ることが、基本である」

自分をより良く見せたい、という思いが心を曇らせる。
欲望の中に自分を置くと、自我が強く現れ世の中が見えなくなってくる。
何事も自然のまま飾らず、あるがままの自分でいることが大事。
どこにも力が入らず、あらゆることを力を抜いてすることが、達人の境地である。
そのためには自分をなくし「無我」を目指すことだ。
無我の境地こそ悟りの最終形であるが、これがなかなかむずかしい。

夢へのステップ 16

幸せ力のある人になるための条件

いつも笑顔が絶えない
お礼を必ず言う
笑顔で美味しいと言う
いつもワクワク目が輝いている
自信があってプラス思考
希望や信念のもとで、努力をおしまない
声が大きく元気が良い
愚痴を言わない
他人を妬んだり羨《うらや》んだりしない
自己責任を取る用意がある
人を許すことができる
人を信じる、疑心暗鬼にならない

謙虚で慎《つつし》み深い
人のアドバイスや忠告をよく聞く
悲観的に物事を考えない
常に問題意識を持っている
人生においても、仕事においても意欲的である
その人の存在自体が周囲を明るくする

夢へのステップ 17

子育て七つの条件と指導法

「「親」という字の意味——木の上に立ってじっと眺めるということ。
「教育」とは、子どもの隠れた能力や才能を引き出すこと。
与えることではなく、子どもの能力が開花するのを待つことが大事」

子どもの身の回りのこと、子どもの心配事の先回りをしないこと。

子ども自身の解決能力を育てること。

子どもを遊ばせること、勉強ばかりさせないこと。

チャレンジ性を育てること。

注意はできるだけ説明して、理由をわからせること。

努力があって結果のあることを知らせること。

とにかく大げさにほめてあげること。

――じっと眺めるだけにする

――先回りして手助けしない

――遊びの中に大きな教育がある

――意欲的な子にする

――注意は具体的に説明しながら

――努力は必ずほめて認める

――良いコーチは選手を認めることから始める

夢へのステップ 18

人を動かす先人の知恵

人間は豊かになり過ぎると、結束が弱まり我を通す者が増える。

・・・徳川家康

権限の委譲は安易にするな。委譲したら文句は言えなくなる。

・・・マキアベリ

人を認めることが、人を動かす基本である。

・・・山本五十六

大ボラを吹く者が、やがて人を動かす。

・・・ジュリアス・シーザー

過去にこだわる者は未来を失う。

・・・チャーチル

俺が戦う、お前らは逃げろ。

・・・ジンギス・ハーン

十年以上、守りの経営に徹したら企業はだめになる。

・・・松下幸之助

部下はトップの背中を見て行動する。

決断の条件は、小心・大胆・細心。

・・・平岩外四

勝利の条件。強烈な陽と運を味方につけよ。

・・・諸葛孔明

後回しにするな、今すぐせよ。

・・・坂本竜馬

最も忙しい人間が、最もたくさんの時間を持っている。

・・・アレクサンドル・ビネー

部下にものを頼む時は、最も忙しい部下に頼むべきである。・・・ナポレオン
部下の誰よりも早く仕事を始め、誰よりも早く終われ。・・・斉藤道三
すぐに役立つ部下より、徐々に成長する部下のほうがものになる。
文句は面前で言え、ほめる時は陰でほめよ。
リーダーは愛されようとするな、恐れられよ。・・・マキアベリ
孤独に耐えよ。孤独を友とせよ。指導者の最低の条件である。
誠意はすばやい行動で見せよ。・・・安岡正篤
腹を立てるな、堪忍が何より大事である。・・・徳川家康
嘘を言ってはいけないが、本当のことを言う必要もない。
人を認め、人の結果を喜ぶことこそ、人を動かす基本である。
人を許すこと、まず損をすること、いずれも大きな器にしかできない。
自分を飾るリーダーは足元を見透かされる。・・・パーキンソン
人を上手に使うには、誠意をもって正直に接する以外ない。
「君がいなくて困ったよ」というひとことが部下を動かす。
自分がいなくなったら会社はやっていけないと、全社員が思う会社こそ最高。
諦めないことが成功のカギである。夢の継続こそ、成功の条件である。・・・ナポレオンヒル

部下には常に十分な仕事量を与えよ

・・・チャーチル

夢へのステップ 19

人生を説く導歌

「江戸時代から明治時代にかけて、人生の道理や教えを説いた「導歌」という歌があった。この中には人生の神髄を簡潔に突いているものが多くある。これはまさに〝人生の達人たちの声〟なのかもしれない」

明るく元気で遊び好き　欲が深くていい加減

――成功者の五つの条件を歌った江戸時代の子育て導歌

して見せて　言って聞かせて　させてみて　ほめてやらねば　人は動かず

――山本五十六の人の使い方

楽しみは　後ろに柱（神様）　前に酒　両手に女　懐に金

——男の夢、理想像

為せば成る　為さねばならぬ　何事も　成らぬは人の　為さぬなりけり

——行動規範の原理、やれば何かが変わる、そして成就する

世を捨てて　山に入る人山にても　なお憂き時は　いず地行くらむ

——逃げることのむずかしさ、逃げても物事は解決しない

春は花、夏は緑に　秋もみじ　冬は裸木　美しきかな

——どんなところにも、心もち次第で楽しみは見つけられる

いぶかしき我が正体を見届けん　我を悩ますものは我なり

――心のもやもやの原因を見つけよ

良し悪しは向うにあらで我にあり　心直らば　影は曲がらじ

――心がまっすぐなことが大事、良し悪しは相手の問題でなく自分自身の心の問題である

第3章

人生の大事な場面で出会った言葉

夢へのステップ

1

運命を切り拓く言葉

「人生には窮地に陥った時に救ってくれる言葉があるものだ。そんな言葉との出会いは運命すら感じるものだ」

本当の優しさは人に気付かれてはならない。
針の穴のような可能性も近づけば大きく見える。
人の力を借りるのではなく、人の能力を借りよ。

自己暗示力を身に付けよう、毎日唱えていると必ず実現する。
大事な局面では決して腹を立ててはいけない。
表面を飾っても必ず中を見抜く人がいるものだ。

明るいだけで人は魅力的に見えるもの。

福を持っている人に近づくと、自信が出てくるものだ。
リーダーは愛されるより、恐れられる方が身は安全である。

疑心は暗鬼を呼ぶ。
部下を統率する最も簡単な方法は、一番始めに仕事に着手することだ。
してみせて、言って聞かせて、させてみて、ほめてやらねば人は動かず。

最もうまい説得は、相手の言うことをすべて否定せずに聞くことだ。
縛り首になる運命に生まれたものは、決して溺れ死にはしない。
本物の人物はあっけらかんとしていて、明るく楽しいものだ。
積極的思考こそ神が助けてくれる。
嘘をつくな、しかし決して本当のことを言う必要はない。
反逆者は常に自分の仲間に強い猜疑心《さいぎしん》を持つ。
攻める時は一気にやれ、躊躇《ちゅうちょ》してはいけない。
真の味方は戦うことを恐れない、真の味方は戦えという。

夢へのステップ 2

苦境からの脱出

「人生の苦境も、時が流れると自然に解決するものだ。とは言っても実際の生活の中ではやはり、やりきれないことが多い。こんな時どうすれば良いか。まずは逃避せよ。今日の原因から、まずは遠ざかり自分の身を守れ。次にゆっくりと時間をかけて解決策を探そう。あわてることはない。必ず苦境からの脱出策は見つかるものだ。人生は長い、焦る必要なんてさらさらないのだ」

●いじめ

子どもの時のいじめは、子どもの環境を変えてやることで解決することが多い。いじめられる側に非はない。いじめというものは、一種の交通事故のようなもので、いじめる側は加害者、いじめられる側は被害者。被害者が横断歩道を渡らなかったにせよ、やはり前方不注意の加害者が悪い。いじめを解決する唯一の方法は、いじめの環境から少しでも早く外に出ることである。いじめられたら一人で思い悩まず、家族や周囲の力のあるものに相談することが肝心である。

●精神的な苦境

これは考えを切り替えることがベストである。あれこれ悩んでも解決策がないことが多々ある。そんな時には切り替えよう。価値観、生活習慣、考え方、すべてを切り替えることによって、新たな道が開けてくる。「〜ねばならない」とか「〜でないといけない」といった考え方をやめてみよう。急にいろんなものが見えてくることが多いものだ。

●経済的な苦境

経済的な苦境、これはつらい。しかし、最も解決しやすいものである。なぜなら働けば解決するからである。

人一倍働け。「稼ぎに追いつく貧乏なし」。かならず成功する。これは成功者の鉄則である。

夢へのステップ 3

創意工夫の大切さ

「どんなことでも創意工夫することによって解決し、良い方向に動き出す。生活の中の困ったことから発明品が生まれ、病気を治すために様々な治療法や薬品ができたのも、すべて創意工夫によるものである」


人は困難を克服したい時にあらゆる工夫をする力を持っている。

お金を稼ぎたい時、好きな異性ができた時、スポーツ競技がうまくなりたい時、諦めない限り、誰でも創意工夫をするものだ。

世界中の大発明や偉業はすべて創意工夫の結果である。

創意工夫の大敵は諦めと怠けの二つ、注意せよ。

どんな小さなことでも工夫することで、思いのほかに上手くいくことがあるものだ。

夢へのステップ 4

積極思考をするために

「積極的な思考、いわゆるプラス思考は君を必ず救ってくれる。物事を悪い方向にとらえず、良い方向にとらえることで人は元気を手にし、希望を手にするものだ。だから積極思考はとても大事なことなのだ」

人を憎んだり嫌ったりしないで、人を好きになれ。
人を見たらまず長所を三つ探せ。
自分がいつも恵まれている、「ツイテイル」ことに気付け。
失敗なんか気にしない、屁とも思わない。
チャンスが近づいていると思え。
きっと近いうちに、何か良いことがあると思え。

自分の力と根気と勇気を信じろ。

夢へのステップ 5

本物を見抜く目を持つ

「若い時に本物、いわゆる一流のものを見ておくことがとても大事である。本物には嘘がなく真実の良さがあるからだ。同時に嘘のある偽物が見抜けるようにもなるのだ」

良いものを見ておくと、悪いものがよくわかる。
偽物はわざとらしく、大げさである。
本物は自然で、どこかに説得力がある。

ものすごく立派に見えるものや、ものすごく正しく見えるものは偽物であることが多い。
不自然なものは嘘である。

本物は時に優しく、時に冷たい。そして自然な存在感があるものだ。

夢へのステップ 6

男と女の役割

「男と女の違いは何だろうか。基本的人権はもちろん、生きていく上で差別があってはならない。ただし明らかな違いは存在し、これを無視して、何でもかんでも同じように扱うことが、真の平等と思っている人が多いけれど決してそうではない。肉体的な違いはもちろん精神的にも男女は大きく違う。このことを理解し合い、協力できれば男女関係はスムースに運べるものである」

●男らしさ

物事を集中してすること

損なことや無駄なことを夢中でできること

獲物をとるために、我が身の危険を顧みないこと
チャレンジ性が高いこと
比較的従順なこと
夢を現実に優先させて持てること
ほめられると実力以上の力を発揮するところ

●女らしさ

全体をバランスよく見ること
損得勘定をきちんとすること
我慢強く根気のいいこと
現実的で目の前をよく見ていること
いざというときに強い精神力を持っていること
優しく周りに対して面倒見の良いこと
共感してもらうと安心すること

●本来的な男女の役割分担

女性が中心の家庭、それを根底から支えるのが男性の仕事
女性は子どもの成長のためと、家族の無事のために働く
男性は全力で家庭と家族を守るのが役目
女性は家族全員の健康、環境を整えることが大事
男性は稼ぐ、女性は守る
男性の優しさは時がたって初めてわかり、女性のそれは今、目の前で感じるもの
男性は自分を認めてくれる人のために尽し、女性は自分を喜んでくれる人のために尽くす

●これと思う相手に愛されるポイント

相手の言動を決して否定せず肯定し続けること
相手は自分を誰よりも理解してくれる人が必要で、そうすることで相手にとってかけがえのない存在になることができる
いつも笑顔で相手に楽しく接すること　笑顔はすべての人の心を癒すことができる
相手の話をよく聞き、相手の感情に共鳴すること

夢へのステップ 7

男前の条件

「一人前の男になろう。さらに欲を言えば一流の男になろう。一流の人の周りには一流のものや人が集まるからだ。だから常にこのことを心にとめておこう」

チャレンジ性があり、物事に挑戦する意気込みがある。
変化を望む。
気前が良い、ケチではいけない。
損をすることができる、そのうしろの大きな得が計算できる。
勇敢である、度胸がある。
努力家である、努力しないで虫の良い結果を得ようとしない。
冷静に物事の裏側が読める。
目下の人を可愛がることができる。

短気を起こしてすぐ怒らない。

夢へのステップ 8

紙芝居のおじさん

健介は週に三回、銭湯前の広場にあるヒマラヤ杉の下にやってくる紙芝居が大好きだ。何が好きかと言うと、黄金バットの大活躍の話はもちろんおもしろいが、それよりおじさんと話をするのが好きだった。

「健ちゃん、今日は何がほしいんだい？」

「きょうは水あめがほしいの…、ねえ、おじさんにいいものあげる」

健介はポケットの中に手を入れながら自慢げに言った。

「何だい、健ちゃん」

「ドングリ、テッポウドングリ、こっちの丸いのがオカメドングリ。学校の裏山で採ったの」

「たくさんあったのかい？」

「うん、たーくさん拾ったよ。全部で百個以上あるよ。マッチ棒をさして、コマを作るんだよ。

よく回るんだ。すごくいいコマができるよ。おじさんにもあげるから作ってごらん」

「ありがとう。健ちゃんはドングリ採りの名人だね」

「うん、また採ってくるね。秘密の場所、知ってるからね」

「そりゃあ楽しみだ。またたのむよ」

「うん、今度はもっと大きいのを採ってくるね」

健介はいつもこのおじさんにほめられると自信がわいてくる。何でもできるような気持ちになってくる。ますますその日の出来事を話したくなるのだ。無中になって話す健介を、ニコニコとうなずきながら眺めてくれる。

「じゃあ、黄金バット前回のつづきー。始めまーす。黄金バットは、我が身にせまった絶体絶命の、この危機からどうすれば脱出できるのでしょうかー?」

健介はこのおじさんの紙芝居を始める時の得意顔が好きだった。少し天を見上げた顔、空に向かって叫ぶような、その話し方がいかにも芝居がかっていておかしかった。

そんなおじさんがある日を最後にぱたりと姿を見せなくなった。

そしてしばらくすると、別なもう少し年の若いおじさんに代わった。

新しいおじさんの紙芝居もとてもおもしろかったが、健介には何か別の「黄金バット」を見ているような感じがした。さびしさだったのかもしれないが、どことなく物足りない気持ちがしてつまらなかった。

それからひと月たった頃、あの紙芝居屋のおじさんが、病気で亡くなったことを聞いた。

「あんなに僕の話を聞いてくれた、あんなに僕を励ましてくれたおじさんがいなくなるなんて」

健介はこの時初めて深い悲しみを知った。かけがえのない人を失った悲しみを強く感じた。こんなに悲しいことってあるんだと思った。

あのおじさんの「わっはっはー」と笑う黄金バットの笑い声が、いつまでも聞こえてくるような気がしてさびしかった。

健介にとって、このおじさんの存在はかけがえのないものだった。健介のポケットの中には、おじさんにあげる予定のドングリがたくさん入っていた。

夢へのステップ 9

偉人たちの心に残る言葉

「参考のために歴史上の人物たちの残した言葉をあげてみよう。何かの役に立つことがあるはずだ」

人を許す力量のない者に人を愛する力もない。

・・・ルーサー・キング

どうしても手に入れたい相手は放任せよ。それで戻ってきたら一生貴方のものになるから。戻ってこなかったら、初めから貴方のものにならない相手だったということを理解せよ。

・・・諸葛孔明

本物の男になりたければ、大勢を相手にして立ち向かわねばならない。

・・・ロマン・ロラン

確実に愛される唯一の方法は、相手を愛さないことである。

・・・ロシュ・フーコー

うまくやりたければ自分でやれ。

・・・ナポレオン・ボナパルト

雨がなければ虹を見ることはできない。

・・・ヘレン・ケラー

ありのままの自分を出すほうが、自分を偽って見せるより得るものが大きい。

・・・ロシュ・フーコー

恨みと嫉妬はなんの役にも立たない感情である。

・・・リズ・スミス

勝つためには、勝つしかないという気持ちで戦うことだ。

・・・ロビンソン

三振するかもなんて絶対考えてはいけない。

・・・ベーブ・ルース

すべての場合を疑ってかかれ。ただしそのことを人に知られるな。

・・・チャールズ・シモンズ

笑うこと、ニコニコすることが何より大事。不幸が逃げて行くから。

・・・エラフィッツ・ジェラルド

魅力的な人はみなどこかに神秘を持っている。

・・・ジャック・レモン

夢へのステップ 10

ヒントになる99の言葉

「今までの人生で出会った参考になる言葉を列挙しよう。これらの言葉でどんなに勇気づけられ、どんなに助けられたことだろうか」

遠くから見ると針の穴のような可能性も、近づくと糸を楽に通せるようになる。

本当の優しさは、今すぐには誰にも気付かれないものだ。

人の価値は、その人の引き際でよくわかる。

人生に迷ったら、好きな道へ行くか、きつい登り道を選ぶのが良い。

人の能力を理解し、利用できた時、一流のリーダーになる。
自己暗示は、夢の実現に最も必要なものである。
夢を成し遂げることが、当然のことと思った瞬間に夢は実現する。
嫌いな人を遠ざけるな。
自我を通さず、人のいうことをよく聞くことこそ、人間関係の基本。
否定的な考え、マイナス思考は、何一つとして事態を好転させない。
いつも明るく人の話をよく聞く人は、人に好かれる。
人を認めることができなければ、人を使えない。
男は自分を認めてくれる人のために死ねる、女は喜んでくれる人のために死ねる。
表面を飾っても意味がない、世の中の多くの人は中まで見通しているものだ。
自分を真剣にほめてくれる人がいるのは、人生で最も幸せなことだ。
無駄なお金を使え、でも本当に無駄なお金は使うな。
自分に仕事があることを、第一に感謝すべきである。
明るいだけで、人は魅力的に見えるものだ。
アドバイスや忠告は、十回に一回ほどしか聞いてもらえないものだ。
人は自分の身勝手さが傷付いた時、心が傷付いたとよく言う。

食べ物の好き嫌いの多い人は、人間にも好き嫌いが激しい、好き嫌いは無くすべきだ。

男にとってお金と異性のトラブルは、命取りになる。

福を持った人と一緒にいると、なぜか自信がわいてくる。

楽あれば苦あり、山あれば谷あり、冬あれば春あり。

部下には、できる限り多くの仕事を与えるべきだ。

世の中は結果のみを評価する、過程などどうでもいい、甘えるな。

人に対して妙に優しい時は、自分に弱みややましさがあることが多い。

自分の力量を正確に把握できれば、その時々の自信が生まれる。

自分の力がどれほどかを知る最も優しい方法は、自分が今まで何をなしたか振り返ってみることだ。

どんな時代でも、時勢に合った事業は必ず存在する。

良い人材は、大事な仕事をさせるほど良く育つ。

リーダーは好かれるより、恐れられるほうが得である。

嘘を言ってはいけないが、本当のことを言う必要はない。

猜疑心は早く解決しないと身を滅ぼす、疑心は暗鬼を生ず。

失敗を恐れるな、特に若いうちは。

部下の機嫌をとるより仕事に専念させよ、部下が育つ。

リーダーは誰よりも早く出社せよ。

部下にはわかりやすい丁寧な説明をせよ。

自信のある人ほどアドバイスに耳を傾ける。

潜在意識こそ、人に偉大なことを成し遂げさせるものだ。

愚痴を言わない、人を非難しない、人に恩を着せない　幸福に生きるための三つの条件。

人を説得したいなら、何もいわずに相手の意見や話を徹底的に聞け。

人に甘える心があるなら捨てよ、自分が弱くなる。

自分の意見を決して変えないのは、馬鹿と死人だけ。

虹を見たかったら、雨は我慢せよ。

常に何が大切かを考えて、優先順位をつけよ。

物事を素早く成し遂げる最大のコツは、早く着手することだ。

欲が深いことは人が大成するうえで重要である。

「いいかげんさ」は、バランス感覚を身に付けるうえで重要な要素である。

向上心がある時こそ、人はまさに成長している。

人を許すことこそ、最も大切な人間らしい行為である。

自分の考えを曲げない人の周りには、同じように考えを曲げない人が集まる。
人の欠点が最初に目に付いてしまう人は、不幸である。
優しい環境に育った人は、厳しい環境には弱い。
自信のない人ほど、外見や人の評価にこだわる。
人の話をよく聞くことから、上手な説得力が生じる。
決断は早いほど有効である。
お金があるよりも、情熱がある方が間違いなく幸せである。
親孝行な人は思いやりがある。
腹を立てて得することは一つもない。
夢には日付と具体性が必要である。
本物は決して格好をつけない、いい格好をしない。
自分を傷付けるものは、実は自分自身である。
どんな不安にも原因が必ずある、正体が判れば不安は消える。
一か八かの勝負は決してするな。成功してもその後に、必ず失敗が来る。
リーダーに必要なものは「智、信、仁、勇、厳」。
実を避けて虚を撃つ。戦や商売に勝つ極意。

喧嘩はしてはいけない、疲弊と困窮と絶望を招くことが多い。

人は話に自信がないと、むずかしい言葉を使う。優しい言葉で話す人こそ本物。

何事も落ち込む時は、徹底的に落ち込んだほうが立ち直りが早い。

何事も真似ているうちに本物になってくる。

人は認めてくれる人の前ではやる気が出る。

大きな目標より小さな目標を次々達成する方が、やる気が出る。

人間は関心が強すぎると必ず無関心を装う。

忙しがる人ほど仕事に自信がない。

話の語尾を繰り返されると、それだけで受け入れられた気持ちになる。

組織やチームは、非凡揃いより平凡揃いのほうが強い。

人は現状に不満があると、思い出を美化する。

人はうしろめたいことをした後は、サービス過剰になる。

とても都合のいい話があるわけがない、必ず裏がある。

用心と計算は後回しにしてはいけない。

１２０％の勝算がある時は、迷わず進め。

人を批判するのは、己に同じ要素があるから。

人を見たら、まず長所を探せ。
頼まれたことはすぐ実行せよ。人に信頼される。
退く勇気こそ、最も大切で重要でむずかしい勇気である。
人生には好機が必ず三回ある、見極めて逃すな。
好機はそれを待ち望んでいる人にのみ訪れる。
良い思い込みは大きな武器になるが、悪い思い込みは命取りになる。
実直な人は付き合いにくいが、長い友人関係が築ける。
人にお金を貸すな、貸すなら与えろ。
人生の師を持て。
部下に叱られ役を一人でも作れば、組織はまとめやすい。
繰り返し唱えることだけで、夢は現実のものとなる。
一生の間に、心を打ち明けられるパートナーや友を三人持てば幸せである。
過去を見ない、前だけ見て進める人生は最高の人生。
男は肉親との死別のとき意外、悲しい涙は流してはいけない。
奇跡は信じる者にのみ起きる。
三十六計逃げるに如かずは、最高の戦術である。

夢へのステップ 11

古人の言葉

自分自身に惚れ込んだことがない者には、運は微笑まない。自分の運を愛さない者には、運は微笑しない。

あるのは目標だけだ、道はない。われわれが「道」と呼んでいるものは、ためらいにほかならない。

自由には義務という保証人が必要だ。それがなければ単なるわがままとなる。

欲望を持つことが、少なければ少ないほど幸福になるだろうと昔から言われているが、しかし、これは間違った真理である。

女、酒、唄のどれも愛せぬ者は、生涯愚者と言われても仕方がない。

チャンスは貯金できない。

一般的に言えば、愛される者に対してより、恐れられるものに対して、人々は一層よく服従し、心から従う。

金を失うことは小さく失うことである。名誉を失うことは大きく失うことである。勇気を失うことはすべてを失うことである。

怒りは常に愚行に始まり、悔恨に終わる。

「道はオレが開いてやる。開けるだけ開いてやる。後の始末はしてくれよ。」という考えでなければ、何事もできない。

高く登ろうと思うなら、自分の足を使うことだ、他人によって運ばれてはならぬ。人の背中や頭に乗ってはならない。自分の力を信じないものは高みにはいけない。

長所も短所も天与の個性、持ち味の一面、自惚《うぬぼ》れず、嘆《なげ》かず、大らかにそれらを活かす道を考えよう。

人の運命を決定するのは、その人がいかに自分自身を理解しているかと言うことである。自信はそこから芽を出す。

苦しみは人間を強くするか、それとも打ち砕くかである。その人間が、自分の内に持っている素質によって、どちらかになる。

人生は道路のようなもので、一番の近道は普通最も悪い道である。

小さな可能性でも、近づいてみると大きな可能性になって目の前に現れる。

欲望というものはさらなる欲望を引き起こす。それはブレーキの壊れた車のように人を破滅に導く。

人を認め、人に譲ることで、新しく幅の広い、歩きやすい道が目の前にできてくる。独り占めせずに、分け与える精神こそ上に立つ者の必須条件。

素早い行動と、機敏な決断が、絶体絶命の危機から脱出できる条件である。


人を見て三つの長所をすぐにあげることができる。自分を見て五つの長所をあげることができる。こんな習慣こそが大きな器を作り出す。

人の欠点を見つけ出す人間より、人の長所を見つけ出す人間の方が幸せである。

嫉妬心と羨望は、人間の心の動きの中で最も自然で醜《みにく》いものの一つである。

優しさ、思いやり。自分は持っていると思っている人間の多くは持っていない。


先手必勝。昔から第一の戦法であった。

物事を大きく見る、大局観を持つ。これは男子には絶対必要なことである。誰よりも早く始める。これが成功の秘訣である。

飾らず、自然に生きることこそ上手に生きる極意である。

吾唯足るを知る、適切に満足することが人生を幸福なものにする

損をすることと、人を許すことは同じである。どちらも器が大きくないとできない。

本当の優しさは目に見えない。何年もあとになって、しみじみとわかるものである。

乱暴なようでも常にプラス思考を貫いていると、本当に夢のような素晴らしい現実が目の前に広がる。

猜疑心は疑心暗鬼を呼び、疑心暗鬼は身を滅ぼす。

夢へのステップ 12

人の心を見抜くやさしい方法

「人はみな、他人に対して何らかのポーズをとっている、人に見せたいことは強調し、見せたくないことは隠し、自分がより良く思われることが自分の幸せに結びつくと思っている。その点こそ、つまり、見せたくないものこそが、その人物の真の姿を見るためのキーポイントになっている。だから人と接する時、次のことを忘れてはならない」


人は見せていることと反対のことが、その人物の中に必ず存在する。

人は自分の願望を自分の姿に投影して表現している。

人は見せたくないものは必ず隠している。人が隠しているものにこそ、その人の本音がある。

●人を見抜く三要素

人を見ることはむずかしい。人は考えていること、感じること、道徳観、行動の規範など、どれも違うからだ。普通誰しも自分を基準に人の心を推察するが、これでは人の心は読めないに決まっている。そんな時の大事なポイントが三つある。

①、虚飾を見抜く
（言葉や態度や商品は飾られているから、鵜呑《うの》みにはできない）

派手で華やかに見える人の懐は、火の車のことが多い。
優しい言葉、親切な言葉は裏があることが多い。
心地よい言葉で近づいてくる人には、必ず狙いがある。
育ちのよさを自ら言う者は、虚飾である。
知り合いに有名人がいると言う話は、一種の虚飾である。
あまりに派手な人と、あまりに虚栄の人は破滅する。
豪放磊落《ごうほうらいらく》な大物ぶりで振る舞う人は、虚飾である。
力のある人や組織をバックに持っていると言う人は、ほとんど非力な人である。
ブランド品の高級な服装ばかり着る人は、案外金持ちではない。
形から入る人は幼い。

身なりの清潔さや、こだわりのお洒落《しゃれ》は虚飾ではない。
あまりに良い話は、必ず虚構である。
世の中に、いわゆる「棚からぼた餅」はない。これを期待してはいけない。
人前で忙しさを強調したり、自己の成果を強調する人は、さほどの人物ではない。
人の成果を横取りする人は、極端な自分本位である。
自然体で虚勢を張らない人が、真に実力がある。

②、**矛盾を見抜く**
（言葉や行動に矛盾がある時は、必ず何かが潜んでいる）

自分勝手な人の親切。
普段おとなしい人が自己主張をする。
毅然としている人が急に甘える。
優しい人が冷たくなる、事務的になる。
ケチな人がご馳走してくれる。
なにやら急に優しくなる人。

必要以上の寛大な措置をとる。
条件の良すぎる商談を持ってくる人。
競争相手の親切。
親切過ぎる応対をする人。
予想以上に惚れてくる異性。
あまりに安すぎる商品。
あまりにも得な儲け話。
部分的にシビアでも結局甘い話をする人。

③、**損得を見抜く**
（人間は損得で行動するもの。誰が得するかを考えれば正体がわかる）

妙な話は損得で分析すると謎が解ける。
損得がらみの話を持ってくる人は要注意。
誰が得をするかを考えると犯人がわかる。
損する方向で動く人間はまずいない。

先に損しても良いという考えの人が大物になる。
自己主張ばかりしないで損切りできる人は本物。
得することばかり考える人は大きく儲けられない。

自分に自信があって、自尊心が強い人は騙されやすい。
油断している人——自分のフィールドを他人任せにしている人は騙されやすい。
育った環境が良すぎて苦い経験の少ない人は騙されやすい。

夢へのステップ

13 ちょっとしたことで、人となりがわかる100の例

「人はちょっとしたことで本心を見せることがある。これを見逃さず観察することが大事である。案外小さなことが、大きな意味のあることとつながっているものだ。だから人の小さな仕草や言葉に、その人の「人となり」が現れることが多い」

大げさな人——気が弱い

大胆に見える人——細かく神経質

調子の良過ぎる人——誠意がない

安請け合いする人——実行する気がない

人をおだてる人——狙いがある

お世辞を言う人——心を許していない

極端な楽観や悲観になる人——無知であることが多い

とても明るく振る舞う人――隠し事がある。自分の中に人に見せたくない部分がある

暗い人――逆恨みをすることがある

感心ごとを言う人――自分を認めてほしい

背伸びしたがる人――足元が危ういことが多い

普段口数の少ない人――ストレスをためている

人のことを意識的に無視する人――実はその人に大きな関心がある

小さな罪を犯す人――やがて大きな罪を犯す

地道な努力をする人――ホンモノであることが多い

スタンドプレイの多い人――非力で実力が乏しい

自己評価を気にし過ぎる人――必ず裏がある

こつこつと積み上げる努力ができる人――最後に成功する

余裕のない人――自己中心になりがち

友だち付き合いのうまい人――精神的に弱い

優しい人――勝負弱い

苦い経験のない人――人として味わいのないことが多い

本当に苦しい時にいつも通りの人――真価に耐えられる人

苦労したことの少ない人　――「いざ」に弱い
苦しい局面で正確な判断の下せる人――人物である
親孝行な人――心が優しく正直である
さりげなく手を貸してくれる人――本当に優しい
口のうまい人――誠意がないことが多い
目標や夢のある人――道を踏み外さない
我慢強い人――攻めることより守ることを得意とする
せっかちで短気な人――攻めることや変革することを得意とする
つじつまの合わない話をする人――避けたほうが良い
嫉妬や羨望を持つ人――努力をしない人が多い
決断力のある人――事前に準備していることが多い
自己愛の強い人、自尊心の強い人――騙されやすい
せっかちな人――行動力がある
時間を守らない人――世間知らず
人のためにすぐ行動する人――思いやるがあり仕事ができる
正義をかざして人を責める人――思いやりがない

口下手で要領のよくない人――誠実であることが多い
甘やかされて育った人――情が薄い
本当に苦労した人――明るく前向きである
強情な人――冷静な判断にかけることが多い
人に文句を言う人――親切である
まじめで自信のない人――騙されにくい
秘密を打ち明けて人に接近する人――気が弱く人を裏切る
服装で人目を引く人――常識的な人が多い
お金の使い方や異性に対する姿勢――その人の人柄を表す
お金に汚い人――人間関係でもトラブルを起こす
口の軽い人――世間知らずでお人好し
友と群れたがる人――大きくなれない
大声でこけおどしをする人――力がなく臆病である
声なき声を聞ける人――能力が高い
損することのできる人――大きな得をする、大物になる
物事の優先順位を決めている人――あわてない、仕事ができる

甘え上手な人――案外冷淡な人が多い
優しくしてほしいと言う人――優しくするとますますわがままになる
どんな人にも必ずあるのは――嫉妬と邪魔する気持ち
親孝行でない人――成功しない
食べ物に好き嫌いのある人――人や仕事にも好き嫌いがある
断るのが下手な人、断れない人――思わぬ災難に見舞われる
愚痴やボヤキの多い人――問題解決力がない
不平不満が多い人――自立できない、人を頼りがち
いわゆる切れ者――いざという時、役に立たない
若くして才能豊かに見える人――見せ方が上手なだけである
豪放磊落に見える人――小心者であることが多い
劣等感のある人――そこを付け入られる入り口にされるから注意
自我が確立できている人間――物事を人のせいにしない
人の注意に素直に耳を傾けられる人――自分に自信がある
人がいやがる話をわざとする人――欲求不満である
耳の痛い話をきちんと聞けない人――人の上に立てない

安っぽい餌に飛びつく人――広い視野を持っていない

善良な人――逆境で必ず助け合う

人の反感を買うのを恐れる人――小者である

別れ際、去り際の下手な人――人物でない

思いやりある人――その優しさは後からじわっときいてくる

自分に対する評価ばかり気にする人――自信なく地に足がついていない

またはやましい気持ちがある

努力のできない人――努力が単なる習慣であることに気付いていない

理想的な指導者や親――そのもとでは案外良い人材が育たない

特に良い話、特に悪い話には――必ず裏がある

運の良い人――余計なことに運を使わなければ成功

人に判断や結論を求める人――少しでも得をしたいと思っていることが多い

生活の中に目立って虚飾のある人――犯罪を引き起こしやすい

本当に力のある人――自然体で無理をしない

人間関係――自分の都合良い方に考えなければ、案外正しく把握できる

好奇心の強い人――成功しやすい

人の言葉や噂を聞いても確認しない人――人の操り人形にされる
すぐ泣く女性――自分の我を通すタイプ
金銭優先の合理主義者――クールであるが付き合いやすい
一緒にいてジワーッと幸福感を感じさせる人――本物である
悩み、苦しみながらも懸命に努力する人――その優しさに心を打たれる
忙しがる人――時間があっても結局仕事ができない
馬鹿丁寧な口調で話す人――相手を警戒している
話し方（おしゃべり）の上手な人――実のある話が少ない
付き合いやすい人――必ずしも理解しあっているわけではない
心地よすぎる人――狙いがある、要注意である
本当に安心できる人――心が通い合う人より、利害でつながっている
生きるなかで緊張感のない人――ともすると理想論を振りかざす
気前の良い人――幸運を呼ぶことが多い
ルールを守らない人――爆弾を抱えていることがあるから要注意

夢へのステップ 14

人は見かけによらぬもの

健介は大学一年の時、親友の翔と二人で夏休みを利用して信州の山里に一週間の蝶の採集旅行をすることにした。普段都会の真ん中で生活している健介にとっては、信州の山里の生活はすべてが新鮮で驚くことばかりであった。夜のホタルの群れ、電灯に集まる虫たち、それを食べに現れるモリアオガエル、カエルを狙うヘビなど豊かな自然に囲まれて楽しい時を過ごした。

健介と翔が泊まった民宿は、茅葺屋根《かやぶきやね》の二百年前の建物で、梁《はり》の裏には江戸時代の年号が刻んであった。

ある夜、囲炉裏端《いろりばた》で宿泊している人たちが集まって、楽しい団欒《だんらん》の時間が始まった。その時健介たちの正面に一人の中年の男が座っていた。

「君たちは大学生かな」

その男が切り出した。

「ええ、一年生です。この北信（長野県北部）はキレイなゼフィルスと呼ばれるシジミ蝶が採れるので来たんです」

「君たちはいいねえ、親のスネをかじって、そうやって遊んでいられる。君たちの使命は今一生懸命に勉強することなんだ。いつまでも親に甘えていてはいけない。世の中はそんなに甘いもんじゃあないんだ。そうやって世間知らずに生きていられるのは幸せかもしらんが、甘い甘い、君たちはまだまだ甘いな」

その男の話はどれも説得力があり、健介と翔は素直にかれの注意に耳を傾けていた。彼はさらに続けた、

「世の中には『分相応』という言葉がある。自分の能力や立場、身分をわきまえて、周りの環境と溶け合って、控え目に生きることの大切さを言っている言葉だ。そのためにも大事なことは人に対する感謝の気持ちを忘れないこと。特に君たちを育ててくれたご両親に対する感謝の気持ちは忘れてはいけない。君たちが、親のお金を使って蝶採りなんて優雅なことをやっている暇があるなら、勉強をしなさい」

健介も翔も、囲炉裏を取り巻いている他の人たちの前で、恥ずかしさときまり悪さで囲炉裏の灰を眺めていた。心の中では「僕たちはバイトで稼いだお金で来てるんです」と言い訳したものの、男の言っていることはもっともで反論の余地は全くないと思ったからだ。

翌日二人は蝶の採集に出かけた。長い網で木の上の方にいる蝶をとるのだが、二人ともなんだか気持ちが入らず静かに採集をした。しばらくして翔が言った。

「あの人何者だろうか」

「元高校の先生か、苦労して成功した企業経営者って感じだね」

健介も男の厳しさ、経験豊富さからくる重みのある言葉に圧倒されていた。ただやはり自分たちの生活習慣にも、問題があることには気が付いていた。

夕方になり二人は宿に戻った。例の男客はすでに部屋を引き払っていた。部屋を掃除していた宿の女将さんの独り言が聞こえてきた。

「いつもこうなんだから。部屋は汚すし、急なキャンセルはするし、迷惑ばかり。おまけに宿代まで値切って行ったよ。本当にこっちへの思いやりなんて微塵《みじん》もないんだから」

「あの人はどんな人なんですか」

健介は好奇心から聞いてみた。

「この村の出身者なんだけど、若い頃に東京に出て商売をしてたけど失敗してそのあとは定職にもつかず稼ぎもなく、みんなに迷惑ばかりかけて生活してる人だよ。いいとこもあるんだけど、世の中に甘えて生きているって感じの人だねえ。姉さんがうちで働いていたこともあって、断るわけにもいかず泊めてるんだけどねえ」

健介も翔も人ってわからないと思った。同時に大人というものは本当の自分の姿を隠すものだと感じた。でも彼の言うことは忘れかけていた大事なことだとも思った。

夢へのステップ 15

人生の落とし穴

「人生の落とし穴はこんな時に現れる。絶好調で自信満々の時、逆に自信を無くして意気消沈している時。油断するな、自信を無くすな、平常心が大切なのだ」

世の中はその人が自信のない部分や弱点を目がけて、それを利用しようと攻めてくるから、要注意。

悪い人物は、ほめ言葉とおだてを上手に駆使して、こちらを利用しようとする。

特に言い寄ってくる女性には、男は注意せよ。

自信満々、人生にも成功し油断している時、落とし穴に落ちる確率が高い、つまり人生の最大の病は「傲慢」と「油断」である。

夢へのステップ 16

財を築くためにすべきこと

「財を築くためには何が必要だろうか。おそらく何も必要ない。血のにじむ努力、夢を持つこと、それを実行する行動力、信念などと思いがちだが、そんなものは何一ついらない。必要なのは財を築きたいと思い続ける生活習慣だけである」

「当たり前だよ、そんなことわかっているよ」

と君は言うだろう。ところがこの当たり前がなかなかできないものだ。若い時に本屋でこのことを実行できると思わせてくれた本に出会ったことがある。その時、自分としては大きな喜びと、本との運命的な出会いに感謝したものだった。

本の題はナポレオンヒル著『巨富を築く十三の条件』というものだった。大学三年生の時だ。読んでいくうちに自分なりの解釈の仕方ができるようになった。

そしてそれを実行して、いろいろな仕事をやってみると、なるほどというようなことが次々と起こった。そして成功することができた。

それは次のような事であった。

将来の自分のあるべき姿を、できる限り具体的に心に描く。

↓

それを紙に書いて毎日朝晩三回ずつ、声に出して唱える。

↓

顔を洗ったり歯を磨いたりするのと同じように、自分の夢に向かうことを当たり前の生活習慣にする。

↓

三か月もすると、自分が財を築くことは、当然で当たり前のことと思うようになり、何の違和感も困難も怖さも不安もなくなり、自分の将来や実現への道が見通せるようになる。

↓

こうなればほぼ九割成功したようなもの。すべてが夢の実現のために収束し始める。

↓

成功の種が芽生えれば、後は枝葉が出るのを待つのみ。丁寧な水やりをするだけである。

↓

いつの間にか夢の実現に成功している自分に気付く。

↓

おめでとう！　夢は実現しました。

ここでいう「財」とは金銭的なものだけでなく、広く人生で蓄えることのできるキャリアや才能や名誉などあらゆるものに該当する。

またこの方法は芸術、スポーツ、教育（受験勉強）など、すべての分野に応用しても成功する。例えば受験を成功させるために、この方法を利用してみよう。

受験の三年前から準備をスタート。受験校と学部・学科を決める。この時は自分の成績や偏差値などを考慮しなくてもよい。合格するために必要な学力を調べて確認しておく。

↓

毎朝、毎晩、「〇〇大学〇〇学部に合格するぞ！」と三回唱える。

↓

これを毎日休まず三か月間続けると、自分が合格することは当たり前の感覚になる。そして合格のために必要な準備を諦めずしっかりとするようになる。生活のすべてのベクトルが目標校合格の方向に向き始めるのがわかる。

↓

受験に向けての不安や諦めがすっかりなくなり、自分の合格が確実に見えてくる。こうなればもう合格は決まったも同然。

↓

ぶれず迷わず受験勉強が進むようになる。成績も上がり始め、自分の合格が確実のものと思えるようになる。

↓

目標校合格！

↓

おめでとう。やりましたね。でもこれも当たり前でしたね。

夢へのステップ 17

仕事や事業の目の付け所

「商売、芸術、政治、自然科学、スポーツなど、どんな分野であろうともその道で成功していくためには、それなりの工夫や苦労が絶えない。そして、やがて上手にやりくりをして成功していく人たちには、大きな共通項がある。それは次のようなものである」

独自性を大事にしていること。つまり人のやらないことをやっていること。そしてナンバーワンよりオンリーワンを目指していること。

粘り強く、途中で諦めないこと。

勤勉で良く働くこと。

仕事優先であること。

外見より中身を重視していること。

第4章

男子の目指すべき生き方

夢へのステップ

1

笑う門には福来たる

「いつもニコニコしている人と、いつも暗い顔をしている人とでは、長い人生では確実に大きな差ができてしまう。いつもニコニコしている人の周りには、たくさんの人が集まってくる。お金も集まる、チャンスも集まる、楽しいことも集まってくる。そして幸せが集まってくる。これに対して暗い人は、この逆で何をやってもうまくいかず、周りを恨み、何事もいやなことは人のせいにしながら、愚痴をもらしつつ生きていくことが多い。だから絶対に笑顔は、君にとってプラスになるはずだし、つらい時でも苦しい時でも笑顔でいるようにしたいものだ。ではなぜ笑顔が大事なのか。それには次のような訳があるのだ。君も笑顔を作る練習を始めてみよう」

周りの人にいらぬ心配や、気苦労を掛けさせない。
周りの人を楽しく、幸せな気分にする。

何より自分が楽しく、幸せな気持ちになってくる。

いつも笑顔の人は、周りの人にとても好かれる。
その結果良いことが集まってくる。
温かい太陽は、冷たい身体や心を温めて救うことができる。

笑顔は太陽と似た効果がある。
笑顔の人は、周りの人を平和な楽しい気持ちにさせる。
笑顔のできない人は、他人や世の中に甘えているとみられがちだ。
笑顔は周りの人にどれだけの安心感を与えるかを考えてみよう。
笑顔のない人が、周りの人に心配と不安と気遣いをさせていることを知ろう。
鏡の前に立って、笑顔の自分とブスッとしている自分の顔を比べてみよう。
どっちがいい顔をしているか言うまでもないことだ。

夢へのステップ 2

ここ一番の勝負で役に立つ「強気」

「勝負事では強気、弱気の違いが結果を大きく左右させる。もちろん強気で臨んだ方が、良い結果が出るのは言うまでもない。麻雀でもトランプでも、賭け事といわれるものは何でも同じである。真剣になればなるほど、このことは顕著になる現象だ。例えばついている時は強気になれるから、ますますついてきて勝つことが良くある。逆についていない時はどんどん弱気になり、なかなか勝てずに、さらに弱気が増幅し負けていくものである。だから強気を保つことが、実はとても大事なのである。

人の判断力は強気の時のほうがさえていて、正しい判断を下せることが多いのに対して、弱気の時はかえって無理をしたり、無茶な判断をしたりして、自ら墓穴を掘るケースが多い。

冒険家たちのチャレンジの多くは、無謀な冒険のように見えていて、実は

緻密な準備と計算をしているものである。このように強気の裏側にはそれなりの裏付けがあり、ただただ強気だけではいけないのだ」

いざという時には、普段からの準備がしっかりできているとあがらず、動揺せずにうまくできるものだ。

強気には裏付けがあるものだ。

努力は強気を身に付けさせてくれる。

楽天的に見えても良い、自信のある楽天家になれ。

勝敗は気持ちの持ち方で左右される。

プラス思考で強気の時正しい判断ができる。

夢へのステップ 3

男子の種類、女子の種類、そして恋愛の成功のために

「人間社会は女子を中心に動くことが多い。生物学で習った下等生物たちはみなメスばかりであるが、ある程度進化を遂げると、メスが自分の身体の一部からオスを切り離し生殖活動して、子孫を作るようになる。こんな人間の進化の歴史の中で、人や一部の動物だけが、オス中心の社会を表面上は形作っているが、本質的にはメスがその回転軸になっているのである。女性は男性よりも精神力も持久力もある。さらにどこの国でも女子は男子より長生きである。これは人間が種としての存続をかけた結果でもある。戦争があれば男子が戦場に行き、家族や国を守る。これは種としての人間の当たり前の本能的な行動であろう。この本質的な部分をよく理解しておくことが重要である」

●恋愛には駆け引きが必要か

女神と恋愛しているなら（きっと恋愛中は君は相手を女神様だと思っているかもしれないが）、駆け引きはいらないだろう。そこに純粋な素晴らしい愛があれば、それだけで十分だろう。しかし現実は違う。しかも女子の方が男子より計算高いことが多い。男子は女子の一部分が気に入れば相手を好きになれるのに対して、女子は総合的に相手を評価するものである。

可愛い外見だけに魅かれる男子に対して女子は、外見ばかりではなく、経済力、優しさ、家柄、職業などを総合的に見てから判断することが多い。

だからこそ、駆け引きが必要になるのだ。自分を安売りしないことが大事だ。想像してみてほしい。もし君のことをすごく好きな女子と、君に対してやや冷ややかな女子がいたとしよう。一人は君に対して積極的だが、もう一人は良い感じだけど、こちらを好きかどうかわかりにくい。何となく思わせぶりだ。君にとってどちらの女子が気になるだろうか。もちろん後者である。つまり、このことを意識的に上手に使いこなせる男子や女子がもてるようになるのだ。

●駆け引きのポイント

仲良くなっても相手に甘えないこと

相手に依存しないこと

相手の心理をよく考え理解すること

相手が必要でも我慢して、正直に表現しないこと
自分の都合のいい方に、相手の心を読まないこと
相手に対する誠意は持ち続けること
男子が女子を主導すること
女子は男子を尊重すること
すぐばれるような嘘はつかないこと
相手を少し雑に扱うこと
うまくいかない時はきっぱりと諦めること
心変わりはよくあること、さっさと次に進むこと

●相手がこちらを好きだというシグナル

こちらの身の回りのことを聞きたがる
どんな時でもいやな顔をしない
自分のことを聞きもしないのに、いろいろ話したがる
連絡をしないでいると、何らかのアプローチがある
こちらの予期せぬ行為に対してうれしそうな顔をする

男子は男子らしく、女子は女子らしく振る舞うようになる
やたら物をくれるようになる

●恋愛で絶対にしてはいけないルール違反

相手を恨むこと
相手を蔑《さげす》むこと
相手に暴力をふるうこと
相手の生活のすべてを知ろうとすること
相手を独占すること

●男子の種類

権力に従順なタイプ——大組織向き。規律を重視するタイプが多い。
権力に批判的なタイプ——マスコミ・ジャーナリズム向き。批判精神が強く正義感があることが多い。
一匹狼的なタイプ——自営業・芸術家向き。気の向くままに行動し人付き合いが苦手なことが多い。

リーダータイプ——起業家向き。面倒見がよく親分肌である。

群衆型タイプ——何でも可、適応型。周りの人が動く方向にあまり考えもしないで一緒に動くタイプ、無責任なことがある。

参謀型タイプ——中小企業向き。自分で責任は取りたくないがナンバー2として戦略や作戦を立てるのが得意なタイプ。

放蕩型タイプ——作家・芸術家・芸人向き。一般的な考えや視点からでなく、独自の強い個性から価値基準を作っている。そのため型破りな行動をすることがあり、常人とは全く違う行動パターンを持っている。

学者、教師タイプ——周りのことが見えなくなるほど、一つのことに専念しやすいタイプ。損得勘定より自分の興味や好奇心のほうが優先される。

●女子の種類

家庭内良妻賢母型タイプ——専業主婦向き。堅実で子育てや家庭内のやりくりが上手である。我慢強さを持っている。

独立型事業家タイプ——起業家向き。行動力と指導力があり、組織を上手にまとめていく。

肝っ玉母さんタイプ——自営業向き。仕事と家庭の両立ができる高い能力と強さを持っている。多くの人から頼られ、常に輪の中心にいて物事を処理する。明るくたくましく優しく、常に前向きでもある。

功利型計算型タイプ――玉の輿向き。自分の長所と短所を熟知している。そのうえで自分の能力や魅力を最大限に発揮して、上手に世渡りをすることができる。

男性依存型タイプ――年の差婚向き。優しく可愛い性格だが世話のかかるタイプ。男性だけでなく、回りのみんなに助けられて生活していくタイプ。年上の男性と合う。

非依存型タイプ――水商売向き。自立心が強くしっかりしたタイプ、孤独に生活することが多い。

楽天家タイプ――パートタイマー向き。楽天的で、いつも楽しいことを優先しているが、将来に対する見通しが甘く、行き当たりばったりの生活をすることが多い。

夢へのステップ

4 健介の大学受験

来月、健介も高校三年生になる。今までは何となく他人事のように思っていた大学受験も、自分の身近になったことをひしひしと感じていた。健介はゆくゆく医師になりたいという漠然とした夢を持っていた。ただ医者の家に生まれたわけでもなく、別にどうしても医者にならなければならない理由もなかった。

そんな状況のなかで高校二年生の春を迎えた。

「どうしようかなあ。医者でなくてもいいし、何か楽しいことをしながら人の役に立つことでもいいな」

こんな中途半端な考えのまま、高校二年生まで来てしまった自分が少し情けなかった。これに比べ、医者の家系にある同級生たちは少しもぶれない。それどころか自分が医学の道に進むことを当たり前と思っている。だから自分とは環境が違うんだと考えて自己弁護をしていた。

その年も明けて大学受験シーズンを迎えた。健介の高校から医学部を受験した三年生は十八人、この内十三人が合格した。五人が不合格だった。健介は自分より一年先輩たちのこの結果を見て愕然とした。なぜかというと、五人の不合格者たち全員が医者の子どもではなかったのだ。もちろん合格者の中に親が医者でないものがいなかったわけではない。しかし親が医者である学生は全員合格していたのだ。まるで医者の子でなければ受験するなと言われているような気がした。

「やはり無理なのかもしれない」

健介の心は揺らいだ。翌日学校に行くと親友の輝男がこんなことを言っていた。

「受験というのは、受かると思っている奴が受かるんだなあ。東大でも、医学部でも難関を受ける者は、受かるのが当然と思っているのが合格していくんだなあ。俺たちも来年の受験はそうなってなきゃあダメだな」

この言葉は健介を目覚めさせた。本当にそうなんだと思った。でも、勉強していくうちに初めは強気でいても徐々に弱気になってしまうことが多かった。この弱気を防ぐ方法さえ見つかれば、魔法にかかったように受験もうまく行くような気がした。

「そうだ、医者の子たちが当たり前のように医者になっていく姿に、答えは隠されていたようだ」

当たり前にすれば良いんだ。そのためには、朝晩、紙に書いた夢を読み上げて自分の生活習慣にすれば良いんだということに気付いた。そして実行した。

これが健介の受験のすべてだった。そして結果は言うまでもなかった。見事に合格。

夢へのステップ 5

人生に成功するための三つの条件

「人生で成功することは少しもむずかしいことではないのだ。血のにじむような努力や、あらゆるものを犠牲にするような生活もほとんどいらない。必要なことがあるとすれば、それはただ一つ。

「楽しみながら継続する。つまり飽きないでずっと目標を持っている」ことだ。誰にでもできるようだが、誰にもできるわけではない。続ける根気とさびしがらずに一人でやり抜く勇気が必要なのだ」

①、夢（目標）を持つことは人生で健康の次に大切なことだ。

夢があれば毎日が楽しいものだ。そのうえ自分が何をすれば良いか、迷わずにすむ。芸術家になる夢、医者になる夢、スポーツ選手になる夢、何でも良い。君が心からこうしたい、こうなりたい、というイメージを素直に君の夢ということにしよう。

夢を実現する手順を説明しよう。

まず君の夢を紙に書こう。夢とそれを実現する年月日を指定しよう。いつまでに夢を実現するかを決めよう。これが夢カレンダーだ。毎朝毎晩、夢を書いた紙を、三回ずつ声を出して読んでみよう。歯を磨くように、顔を洗うように、このことを生活習慣にしよう。

三か月もすると、君が夢を実現することが当たり前のことになるだろう。この時、君の夢は君の頭脳の中の潜在意識に刷り込まれた。

これで君の夢は、ほぼ９０％実現したと言える。さらに毎日三回ずつ唱えよう。唱え続けると、君の夢はいつの間にか実現していることに気付くだろう。

②、成功を邪魔する心の不安と、怠けを消し去る習慣を身に付けることが大事。

毎朝毎晩、紙に書いた自分の目標と、夢を声に出して三回ずつ読んでみよう。一日も休まずこのことを繰り返していると、目標と夢が当たり前で当然のことと思えるようになる。この時、君の潜在意識の中に刷り込まれたわけで、こうなれば、ほぼ成功したといってもよいほどのレベルに、君は到達しているのである。

「大丈夫だろうか、成功するだろうか」といった心の不安は、この時からなくなっていくものである。

③、楽しいことをやること。楽しければ大変なことでも長続きして継続できる。

楽しいことはつらくない。どんなにハードでも、自分の好きなことになると喜んでやり続ける。このことは人生にも言えることだ。いやなこと、つらいことは人生にたくさんあるが、これらは長続きしない。なぜなら誰しもできることなら早く終えてしまいたいと、思いながらしているからである。

逆に言えば、好きなことならいつまでも継続してやり続けることが可能である。だから成功したいなら、好きなことをすべきである。なぜなら継続は成功するための絶対条件だからである。

夢へのステップ 6

リーダーに求められる条件

みんなを食わせることができる
部下の能力を正しく把握する
愛されない、むしろ恐れられる

私生活より仕事が優先する
部下の能力を引き出し、上手に使う
誰より早く出勤して、早めに帰る

家族や身内を優先しない
危機を冷静に把握し、分析できる
感情的にならない

分け前は独占しない
部下の成果を正しく認め、ほめる
部下の教育に力を入れる

次代のリーダーを育てる
部下を、せざるを得ない方向に追いやる規範を作ることができる
部下に仕事上の夢と希望を与えることができる
常に前向きでいることができる
生きる楽しさ、仕事をする楽しさを部下に伝えられる

●リーダーシップに求められるもの
先を見通す力
率先垂範する力
新しいアイディアを生む力、創造力
攻め（営業）と守り（管理）のバランスをとる力

自己責任に徹する力
過程より結果を重んじ、情を入れない力
仕事を楽しむ力

●リーダーシップを発揮するとき

事業範囲を拡大するとき
事業範囲を縮小するとき
事業を変更するとき
事業の組立てをするとき

●リーダーシップの『導歌』

明るく元気で遊び好き　欲が深くていい加減
善し悪しは向こうにあらで我にあり　心直らば影は曲がらず
して見せて　言って聞かせてさせてみて　ほめてやらねば　人は動かず

●マキアベリのリーダーシップ

真のリーダーは人民に恐れられる

愛されるリーダーは身を危険にさらしている

人民に愛されるリーダーの国は亡びるのが早い

人民に恐れられるリーダーほど、その身は安全である

●組織を掌握するためにリーダーが用いる手段と失敗

『給与を上げ生活環境を改善する』

一時的に満足度が増し良く動くが、やがて以前より増して不満のもとが生じた。高い給料が当たり前になり失敗することが多い。

『責任を持たせ自主性とやる気を引き出す』

責任の重さにつぶれたり、自分の失敗を上司のせいにするようになる。責任ある仕事をしたいと言っていた者ほど、いざとなるとできずに文句が出て失敗。社員が責任を持ちたがらない傾向が生じる。

『**要求や不満を聞いてあげる**』

改善したほうが良いことだけにしないと不満が増幅するだけ。一人の部下が欠けても組織が動けるようにする。自分の存在感に対する危機意識から良く働く。

『**賞罰をはっきりさせる**』

自己の行動がしやすくなり、良く働くと予想されたが、公平観に欠けて失敗することがある。精密な査定システムを作らないと成功しない。

●組織作りのポイント

『**責任分担の明確化**』

ルールを決めて規則正しい行動規範を作る。全社的に人材の善し悪しが浮き彫りになる。

『**非自己判断化**』

自己判断をさせない、必ず相談させる。社内間の伝達がうまくいく。

『社内多忙化』

次々と指示を出し、ひまな時間を与えない。

不満は出るが総じて良い結果が出る。

『実績給の実施』

働かない者から不満は出るが、社内の動きは良くなる。

『責任の所在を明確化』

チームとチームリーダーを決めて共同責任体制を作り、責任の所在を明確にする。

ミスと無責任な仕事の減少。

『仕事以外の話をする機会を作る』

なるべく仕事の話は避ける。楽しい話をしたり社員と飲むことを心がける。

社員がこちらの話に耳を傾けるようになる。

●社員教育のポイント

一つ叱って二つほめる。
年齢に関係なく、遠慮しないで指示を出す。
外見は厳しく、ハートは優しく。
育てる心を忘れずに。
部下の個々の事情を配慮する。

夢へのステップ 7

器の大きな人間になるための条件

生涯を貫く自分の軸を明確に持っている——ぶれない、変節のない人間になる。軸とは、信念や人生の目標などがはっきりすることによってできる、人生の柱になるものである。

権力なくして目的は達成できないことを知っている——権力志向は人として大切な要素である。仕事のできることは、器量人にとって最低の条件である。欲張りであるべきだが、欲張りすぎてはいけない。常に物事の裏側を見抜ける冷静さを持っていることが大事。

安っぽい餌に飛びつかない安定感がある――用心深いことが大切。何にでも食いつくのはだめ。気品、品格が大切、余裕がある。

本業で勝つのが人生の基本と心得ている――本業を持っている。立派な本業があり、この点においては、周囲もこの分野の第一人者として認めている。本業こそ、その人の人となりを表す。

人生において、一度はつらく恵まれない体験をしている――辛酸をなめたことがある。人は苦い経験を経て大きく成長する。失敗や不安や自信喪失が時には必要。つらい経験や失敗を通して、人間の心の動きを知っている。

反感を買い、孤独になっても耐え切る勇気と度胸がある――度胸があることこそ器量人の大切な要素。一人になっても動じない、万人を敵に回して平気な強い心を持つ。

けじめが必要な時はきっちりとつける――けじめをつける。切り替えが必要、頭を切り替える速さと踏ん切りのつけ方が大事。気分転換や頭の切り替えがすばやくできる。

正義感を振りかざさない、思いやりが深い――人の痛みがわかることが大事。正義感を振りかざす人は、優しさがないことが多い。退路を断って人を責めてはいけない。ただし正義感は持っている。

妥協点を見つけ出すのがうまい――交渉がうまい。意地を通さないで、妥協点を探るのは大変。これができるのは器量人。人は誰でも意地を通したくなる。妥協して、人の意見を入れることができるのは、まさに器量。

気前が良い、お金の使い方がうまい――気前が良い。気前が良いことの基本は優しさ。器量人は優しくないといけない。ケチであってはならない。人を育てるためにお金を使うように、後で生きるようなお金の使い方をする。

即実行――人の頼み、仕事、などすべてに、迅速性が求められる。器量人はすることがとにかく早い。人の頼みはすぐ実行してくれる。

自分の長所、他人の長所を見い出すのが上手――プラス思考で人や物を眺めて、良い点を見つけることによって自らの道を開く。

強い気持ち、前向きな気持ちを維持できる――動じない、ぶれない、そして常に夢を持ち、前向きであることこそ大事な要素である。そして器量人の多くは明るい人格を持っている。

夢へのステップ 8

理想的な男の条件――こんな男になりなさい

知らないことは知らないとはっきり言える
失敗談で人の心をつかめる
騙された振りができる
言い訳は決してしない
人からの批判に進んで耳を傾ける
人の話は一生懸命に聞く

人の本音が見抜ける
喧嘩（意見を戦わせること）ができる
強気を維持できる
資格に頼らない
自力を評価できる
部下をかばう
お金を上手に使える
お金にきれい
すぐに行動できる
人の頼みはすぐ実行する
自腹を切ることをいとわない
いったん口にしたことには責任を持つ
あらゆる点で気前がいい
遊び方を知っている
恩を着せない
愚痴を言わない

人のせいにしない
危険なことにはできるだけ近づかない
人に対して優しい気持ちを持続的に持っている

夢へのステップ

9

若い男子の目指すべき生き方

水が上から下に流れるように、自然体で飾り気なく。
何かを為す時には、先頭に立ち率先垂範を心がける。
人を頼らず、人に恩を着せず、常に独立心を持って生きる。
良いものを見て、良いものに接し、吸収して己のものとする。

他を決して非難せず、すべてを自己責任に帰着する。

夢へのステップ 10

積極的な、そして能動的な生き方

「言うまでもないが、消極的な生き方より積極的な生き方が、はるかに得である。さらに消極的な生き方では、いつまでたっても良い結果が出ないのである」

●積極的な生き方とは

自分で決める、そして自分で責任を取る。
すべての苦難は自分の成長のためにあると考える。
不満や愚痴は心の中に存在しない――自己責任の原則。

為せば成る　為さねばならぬ　何事も　成らぬは人の　為さぬなりけり。

There is a will, there is a way.（意志のある所に道はできる）
将来の見通しを立てられる。
人を頼らない、人のせいにしない、人生は自分で決めるのだから。

自分自身に決して同情しない。
いつも楽しいことを夢見ながら、仕事や人生を生きる。
自分と人を比べない、人をうらやまない。

●消極的な生き方とは

人に担がれる、責任をとらずに済ませる。
つらいことや苦しいことは避ける。
不満や愚痴を言うことによって気が楽になる。

現実は甘くないと、もののわかったような言い方をする。
将来が読めない、明日より昨日のことのほうが気になる。
人を頼る、自分の不遇を人のせいにする。

自分自身を可愛そうと思いがち。

悩みが多い、夢より現実の方が大切。

人が気になる、人をうらやましく思う。

夢へのステップ

11

挨拶と礼儀正しさ

「若い頃の礼儀正しさは、目上の先輩や大人から見てとても感じの良いものである。元気の良い挨拶、はつらつとした声、これらは君たちが目上の人に可愛がられるための大切な要素でもある」


挨拶は恥ずかしがらずに大きな声で、相手の目を見てはっきりと。

挨拶も聞こえなければ独り言、自己満足に終わらないように。

挨拶や礼儀正しさは、相手に対する思いやりだから、社会の中では欠かせない大切なこと。

挨拶は習慣、大きな声ではっきりと言うことで相手に伝わるもの。照れずに恥ずかしがらずに声に出そう。

目上の人を敬うことや、電車の中でお年寄りや身体の悪い人に、親切にすることは当たり前のこと。気を遣い、人に優しく親切にすることは、人間としてとても重要なこと。目上の人に可愛がられ引き立てられることは、若い時にはとても得なことだ。

言うまでもなく親や先生、目上の先輩に対する礼儀正しさは何より大事である。困っている時は手伝ったり、助けたり、気を回したり、気を利かせたりすることも必要なことだ。

昔、私の両親の時代は、学校に「修身」という授業があり、このことを教えられたものだ。今はいろいろな社会的事情によりこの授業はなくなり、子どもたちは良く言えば伸び伸び、悪く言えば何も教えられずに育ってしまった。だから、「親孝行」とか「恩師への感謝」などの言葉は死語に近いものとなり、そのために生きる軸を失った子どもたちが大勢できてしまったのだ。

夢へのステップ 12

本当の強さと苦境の対処法

「上善如水（じょうぜんみずのごとし）という言葉がある。人間の生き方のなかで最も良い生き方が、水のような生き方だという意味の言葉だ。確かに水は器によってどんな形にでも変化できるし、長い時間をかければ、水は大岩にも穴をあけるような強さも持っている。そしてこの世のあらゆる生き物の生命を育み、万物に必要とされている。だから昔の中国の人は、水のような生き方が最高の生き方だと考えたのだ」

世の中は運不運、好調不調の波が必ずある。だから良い時もあれば悪い時もあり、昔の人は、何をやってもうまく行く雄時《おどき》と、うまく行かない雌時《めどき》に分けて考えていた。雄時には活発な活動をするが、雌時にはじっとして時間が経過していくのを待っていたそうだ。

強さには気の強さ、体力の強さ、我慢強さなど、いろいろな強さがある。これらのなかで、場面に応じてどの強さが必要かは違ってくる。どんな人間にも必ず強さがある。自分の強さをしっかりと認識しておくことがとても大切だ。

本当につらい時、人は何を考え、何を見て生きているのだろうか。

これは人によって様々だと思う。楽しいことを想像して気を紛らわす人、明るい明日を夢見て生きる人、悲嘆にくれて毎日を過ごす人などいろいろだろう。ただ確かに言えることは、やがて必ず風向きが変わり良い時がやってくるということ。だから「じっと座って風向きを待つ」ことも人生には大切なのだ。

ただしここで言えることは、何も手を打たずに待つのではなく、何らかの方策（例えば船が港に避難するような）は必要だということは覚えておくべきだろう。

夢へのステップ 13

君は必ずリーダーになれる

君は生まれた時からたくさんの才能と特質を持っている。

これから、長い人生を生きていくなかで、これらの才能や特質を活かすことが重要である。

活かすことができれば、楽しく生き生きした人生を送ることも夢ではない。逆に活かしきれない状況になることもあるかもしれない。

この違いはどんなところにあるのだろうか。それはたった一つ、君たちの心の中の「きかん気」な部分による。言い換えれば、君たちが自分の行きたい道を、自分の好きなままに進みたいという、強い心でチャレンジすることだ。何としてでもやり遂げようという人間は、必ずその夢を達成する。

だから君にもチャレンジしてほしい。チャレンジャーを目指してほしい。

チャレンジこそ君たち少年の特権なのだ。


リーダーは努力家でなければならない。

チャレンジャーも努力家でなければならない。

チャレンジャーになれる人はリーダーにもなれる。

夢へのステップ 14

愛されるリーダーより強いリーダーを目指せ

リーダーになったばかりの初心者はみな、指示系統がスムースにいくためには、部下に好かれることが肝心だという、間違った考えを持ってしまう。そのため、部下の人気を気にするリーダーが、案外多いものである。好かれることで指示系統が守られスムースにいくならば、こんな簡単なことはない。

可愛い美人でもリーダーにすれば、男子の集団はうまくまとまるだろうか。ハンサムでイケメンを管理職にすれば、会社は発展するだろうか。そんなに簡単ではない。

では、リーダーとはいったい何であるか。

リーダーとはある集団をまとめて川を渡る時に、一人の犠牲者も出さず、向岸に全員を連れていく役目と責任を持った人のことである。そのために何より大切なことは、規律を作り、部下に守らせるための厳しさと実行力を持った人でなければならない。だから、優しさだけではどうにもならないのだ。厳しさと、部下に恐れられる怖さが必要だ。それがないと統率できなくなってしまうからだ。

かつて、イタリアの弱小国フィレンツェの外交官だった、ニッコロ・マキアベリの有名な言葉がある。

「リーダーは愛されるより恐れられる方が良い。愛されるリーダーの国は滅びるのが早い」

これはいったいどういう意味なのだろうか。感情と優しさで統治されている組織は、規律と厳しさで統治されている組織に比べて危うく、もろいということなのだ。

だからこそリーダーは恐れられていなければならないのだ。

夢へのステップ 15

気持ちや考えを人に伝える

挨拶を頼まれたり、大勢の人の前で講演を依頼されたりした時、あがってしまったり緊張したりで、考えたことや言いたいことの半分も言えなかった、というような経験は誰にでもあるだろう。なぜこうなるのだろうか？　場馴れしていないことが第一の理由だろう。

第二の理由は上手に話そう、うまく話そうと思うあまりに肝心なことを忘れ、格好にこだわるためかもしれない。講演や演説などで案外心に残る名演説は、決して流暢な、立て板に水を流すような調子の良い話しぶりのものではない。朴訥《ぼくとつ》であるが、心のこもった話しぶりが良いのである。何が大事かというと、聞き手に伝えたいことを明確にして、それを誠実に簡潔に表現することが必要である。

私の経験から次のアドバイスを贈ろう。


大事なことだけに絞って、話を組み立てる。

装飾のない話にする。

どんな短い話しでも、準備をする。

感動させよう、笑わせようとせずに普段のままで。

肩の力を抜いて、自然に親切に話す。

自分の人柄をそのまま出すように。

夢へのステップ 16

相談の大切さ

「何か困った時、窮地に陥った時、大事な決断をせざるを得ない時などは、必ず人に相談することを勧める。自分一人で悩み、自分一人で解決しようとしてはいけない。

なぜならば、そんな時に出した君の結論なんて、どうせろくでもないものだ。前にも言ったが、プラス思考で順調で体力も充実している時でないと、いい決断はできないものだ。君が悩んだり、困ったり、苦しんだりしている時にはなかなか正しい判断はできないものなのだ。

だから「相談」することによって、新しい道が生まれ新しい方向性が現れるのだ。」


相談は恥ずかしがらずにきちんとすることが大事。

相談相手はできるだけ多い方が良い。

相談される方は案外うれしいものなのだから、遠慮せずに目上の人にも積極的に相談せよ。込み入った話は、専門家や年上の経験者に相談すると解決が速い。

人に言いにくい問題ほど相談すべきである。

一人で悩んでいることが馬鹿らしくなるほどの良い解決策が、相談することによって見つかるものだ。

とにかく一人で解決してはいけない。

夢へのステップ
17

賢い女の子とおバカな男の子

ある進学塾での話。毎年二月になると都内の私立中学では一斉に入試が始まる。私は長い間算数の教師をしていたので、入試前後の子どもたちの心理や行動をよく目にしてきたものだ。本番の入試で女の子はだいたい力通りに結果を出すが、男の子にはいわゆる番狂わせが多いものだ。なぜだろうか。教師としてこれをなんとか解決して、努力や実力通りの結果が出るようにしてあげたいと思ったものだ。

「先生、僕は合格できるよねえ、だって自信あるし模試でも合格圏内だったから」

「ああ、大丈夫。落ち着いて問題をよく読むんだよ」

「うん、最近は大事なところに線を引きながら読むようにしているから」

「そうだ、落ち着いてね」

この会話をした子は落ちてしまった。原因は問題の読み間違いだった。

「先生、私ダメだよね。最近入試のことを考えるとドキドキしちゃって、夜もよく眠れないの」

「君は図太いからだいじょうぶ。落ちないよ」

「やだー、心配してる私の心がわかってもらえない、悲しい」

「まあ、ミスをしないように、丁寧に問題を読んでね」

「はーい」

この女の子は楽々合格した。二人の模試での成績はほぼ同じ。この差はいったい何なのか。

男の子の持ち味はおバカなのに、この場合普段と違う持ち味を出そうとしたことが、失敗の大きな原因なのだ。女の子は普段から賢いのがリズム。男の子は普段からおバカなところがリズム。入試だからといってリズムを変えてはいけないのだ。

「よーし、合格したら回転寿しの食い放題に連れて行くぞ」

「わーい、やったー」

というノリの方が、男の子は合格するものなのだ。

後日談。合格した男の子が一人で報告と挨拶にやってきた。

「先生ありがとう。合格したよ。これお礼です」

そう言うと、その子はビニール袋から大事そうにミニシュークリームのパックを取り出して、こちらに差し出した。

「ありがとう、そしておめでとう。先生もチョーうれしかったよ」と言うと、男の子はピョコンとおじぎして帰って行った。ふと見るとシュークリームのパックに一八〇円の値段シールが残っていた。

「本当におめでとう！」

夢へのステップ 18

男の子はほめて育てる

●男の子の育て方

男の子は、ほめて育てることが優先。ほめ過ぎると調子に乗ってしまうので心配だというお母さんも多いようだが、調子に乗せておいてもかまわない。女の子と違って男の子は、調子に乗っている方がすべてうまく回転する。

これに対して、女の子は注意を具体的にしてあげた方が伸びていく。でもやはり、ほめられてうれしいことは、女の子も男の子と同じだ。

次に、人に迷惑をかけることや身に危険が迫るようなことは厳しく注意をし、目上の人に対する礼儀作法などもけじめとしてきちんと教えておくことが大事。

最後に男の子は放任にしないこと。母親の手のかかっている子ほど、優しく親孝行な子に育つ。ただし、可愛がることはいくらしても良いけれど、子どもより先回りをして、なんでもやってあげてしまうと無気力な子になるので注意が必要だ。

●勉強のさせ方

ほめて勉強を好きにさせることが何より簡単な方法だ。勉強嫌いを作ってはいけない。「好きこそ物の上手なれ」で、学校でも先生を好きなだけで、その科目が得意になったりする。

もう一つ技術的な方法は、予習を中心にして先取り学習をさせておくことにより、その科目の得意意識を持たせることが大事。詰め込みになり過ぎて、勉強嫌いを作ってしまうのが、最も避けなくてはならないこと。勉強は一生続くのだから、いずれにしても、図鑑を与えたり、本を読み聞かせたり、パズル算数をしたりして楽しく勉強をする工夫が必要だ。また競争やご褒美もなかなか効果的。

第5章

君は君らしく生きる

夢へのステップ 1

勇気

健介は中学二年生の一学期に野球部に入った。一年生の時、クラブ活動は美術部だけであったが、そろそろ好きな野球をしたいと思っていた。週の内五日が練習日だった。練習はいつも暗くなるまでなので夏は七時、冬は五時には終了していた。

ある夏休みの午後野球部の練習中のこと、センターを守っていた健介にコーチの強烈なノックのボールが飛んできた。いつものように落下点を目指して全速力で最短距離を走る健介のはるか頭上をボールは越えていった。健介はボールを拾いに園芸部のやっている花壇まで行くと、そこに一人の女の子が花の手入れをしていた。年の頃は健介と同じくらいだろうが、どことなく落ち着いた振る舞いが大人びた女性らしさを感じさせると健介は思った。白いシャツに紺色のスカートの女の子はこちらを振り向いた。

「すみません。ボールを取らせてください」

「あ、このボールですね。野球部のボールはよく飛んでくるのよ」

そう言ってその女の子はボールを拾って健介に渡した。その時のどことなく優しい仕草が健介の心に残った。あとで園芸部の友だちに聞くと、女の子の名前は美佐と言い、健介より一年上だった。

翌日から練習のたびに健介は園芸部の花壇が気になって仕方がなくなった。守備練習もなるべく花壇の側のセンターを志願した。しかしなかなか美佐には会えなかった。ところがある日、いつものように守備練習に着くと美佐がいる。健介の心臓はドキドキと激しい動悸に襲われた。同時に身体が硬直していつもなら簡単に捕れるフライもポトリと落とすし、良いところが全くなかった。

良いところを見せようとする意識が健介を緊張させたに違いない。

次の週から健介は作戦を立てることにした。それは美佐がいる時にはわざとエラーをして彼女のいる花壇までわざわざボールを拾いに行くことにしたのだ。この作戦は見事大成功、ボールを拾うたびに健介は美佐と言葉を交わすようになった。「またエラーしちゃった」と言うと美佐は必ず「練習不足よ」と言った。

しかしとうとうばれたのか、「わざとエラーしてるんじゃないの?」と言うようにさえなった。いずれにしても健介と美佐の距離はだんだん近くなってきたことは間違いなかった。

健介は美佐に自分の野球の試合を見に来てほしかった。なぜなら、初めの頃、美佐の前で下手くそな自分の姿を見せてしまったからだ。どうしても自分が上手なことを知ってほしかった。だから他校との公式戦を是非見てもらいたいという気持ちが強かった。でもいざ美佐を目の前にするときまり悪さと、断られた時の気まずさやショックが思い浮かんで、とても言い出せないでいた。

そんなことを迷っているうちにある日の放課後、美佐を誘う絶好のチャンスがやってきた。美佐が一人で花壇の世話をしていた。この日は練習もない日だったので健介は思いきって切り出した。

「今度の月曜から大会の予選が始まるんだけど、できたら応援に来てくれないかなあ。今年の野球部は強いからね、楽しいと思うんだ」

健介は全身の勇気を振り絞って誘ってみた。

「ええ、私はもうそのつもりだったの。健介君に会ったら、応援に行かせてとお願いしようかなと思っていたのよ」

とてもうれしかった。

健介は生まれて初めて勇気って大事なんだなあと思った。そして当たってみれば何とかなるものだとも思った。

「ダメでもともと」の精神こそ男子には大切だと思った。

夢へのステップ

2

人との接し方

『人との接点は日常のあらゆる場面で重要なものとして存在している。そのなかで人と上手に付き合える人もいれば、それが苦手な人もいるから悩みも多い。自分の意思を相手にうまく伝えることができる人もいれば、下手な人もいる。そしてその接し方に人柄が現れるからなおさら気を遣うことになる。不器用な人は気を遣うことに疲れ果ててしまい、自分の気持ちの半分も相手に伝えられないで終わってしまうことが多い。また人柄や行いの正しい人もいれば、そうでない人もいる。昔から「朱に交われば赤くなる」と言われるように、悪い人と付き合えば知らず知らずに悪い行いが普通になり当たり前になってしまうし、立派な人と付き合えばいつの間にか自分もそうなっていくものである。だから人付き合いはむずかしいけれど重要なのだ』

●人との接し方の基本

幅広く付き合うことより、良い人を選んで大切にして付き合うこと。

気の合う人を選んで楽しく付き合うこと。

損得がからむような（お金の貸し借りなど）付き合いは避けること。

相手の気持ちをよく汲んで接するようにすること。

相手の気持ちや考えを尊重すること。

●人間関係は誤解の上に成り立っている

人は誰も自分の都合の良い方向に物事を考えるものだ。人間関係でもまさにそうであり、お互いの都合の良さが合致すると相性が良いということになる。

人間関係では、悪い方向に誤解をするのではなく、いい方向に誤解をすることが、平和でうまく良い関係を継続させるコツでもある。

子どもの頃の人間関係には利害がからまないため、子どもの頃の友人とは大人になってからも良い関係を持続させやすい。これに対して社会人になってからの人間関係は、利害が生じやすくむずかしい。

●人付き合い・友だち作りの大事なポイント

良い環境（愛情の豊かな環境）で育った人を大切にする。悪い環境のなかでも立派な人はいるがまれである。自分と似た環境で育った人とは比較的歩調を合わせるのが容易であるし、共通項が多く打ち解けやすく、良い友だちになることが多い。

明るく誠意のある人が良い。健康的で明るい人と付き合うことが大切だ。相手の環境や状況をよく理解して、思いやりのある付き合い方が大事。これに対してすべてをさらけ出して甘えるような関係になってはいけない。

夢へのステップ
3

目標達成のための短期間成功法

『目標を達成するために、短期間がんばるようなことは人生のなかで多々ある。受験や仕事、スポーツや芸術的なことでもよくあることだ。これらを上手に成功させる方法はかつてナポレオンヒルがその著書「富を築く13の条件」で述べている。それは自己暗示を上手に使う方法なのだ。そして次にあげる二点を知っておくことが重要である』

まず自分が成功することをイメージし、それが当たり前である、当然であるという精神状況を作り出すこと。

次に成功する人としない人の間には大きな能力の差があるのではなく、成功するための習慣が身に付いていたかどうかで決まることに気付いている。

現実的なところ、成功した人たちの多くは楽しくやっていて自然に成功したという人がほとんどで、血のにじむ努力と苦労をしてやっと成功したという人はごくわずかだ。もちろん第二次世界大戦後の日本のような状況下ではこの努力型が多くいたのだろうが、そんな時代でも楽しく夢を見ながらやってきた人の方がはるかに多かったに違いない。

そこでどうすればそうなるかを見てみよう。この点については述べてきたが、重要なことなのでもう一度わかりやすく書いてみよう。

自分の目標や夢を紙に書いて目に付くところに掲げ、毎日できたら声を出して読んでみよう。これが恥ずかしいようなら、ポケットに夢を書いたカードを入れておいてトイレの中で必ず見る習慣をつけよう。いずれにしても毎日欠かさず自分の夢や目標に目を通すことが大事だ。

この習慣は一日も欠かしてはいけない。旅行などで通常の生活ができない時でもしなければならない。これを最低半年続けてみよう。一生続けている人もいるのだからむずかしいことではない。

夢や目標を唱えることが習慣になったらほぼ目標を達成したも同然。君の夢や目標はやがて必ず実現する。

夢へのステップ 4

『菜《さい》根《こん》譚《たん》（洪自誠）』中国明代の処世術

『ゆっくりじっくり生きることもいいものだ』

①刺激が何もなく、ただゆっくりと時間だけが過ぎていくような平和な一日もまた素晴らしいことを知ろう。

②いつもニコニコと楽しく笑うような生活を送ろう。

③腹を立てずに周りを認め、許す心がまえを持つようにしよう。

④あくせくと仕事に追われたり、金儲けに夢中になるような生活は豊かな生活とは言えない。一人で静かに過ごす時間も持とう。

⑤人を助けることのできる人間になろう。

⑥自分勝手な生き方より、人と仲良くする生き方を選べば、生きることが楽しく楽になるものだ。

⑦人にかけた恩は忘れるように、人の恩は忘れないようにしよう。

⑧挨拶も聞こえなければ独り言だ。大きな声で明るく元気の良い挨拶をしよう。

⑨どんな時でも、心にゆとりがある余裕を持った生き方をするには、自然に無理のないライフスタイルが大事だ。
⑩諦めや投げやりな態度をやめて粘り強く生きるようにしよう。
⑪頭を柔らかくして合理的な考えができるようになろう。
⑫加減よく、物事をほどほどにすることが大事だ。
⑬何でも独力でやろうとせずに、人の力を借りよう。ただし、人の力ばかりを当てにしてはいけない。
⑭常に前向きな、積極的な考えで自分の心を支配しよう。
⑮礼儀正しい人になろう。礼儀こそ最も人間らしい行為だ。
⑯我慢しなければならない仕事もあるだろうが、できる限り自分の好きなことを仕事にすると幸せな人生が送れる。
⑰自分の生活や仕事がうまくいっているように見える時、周りは嫉妬の目で見ていることを忘れるな。
⑱どんなにうまくいかない時でも、時間がたてば必ずうまくいく時が来るから、決して悲観するな。待てば海路の日和あり。
⑲お金や物欲のためだけに君の人生を捧げてはならない。

⑳我慢することは次に打つ一手のために大事である。
㉑多くの財産や幸せを手に入れると、次にはそれらを守るために不安や心配が生まれるものだ。
㉒人に譲る気持ちや分け与える気持ちこそが、幸せな人生を送るためにとても大事なことである。
㉓優越感も劣等感も楽しい人生を送る上で不要である。
㉔感情的になってカッと腹が立ちそうになったら深呼吸をせよ。腹を立ててすることで良い結果を生むものはまずない。
㉕たくさんの知識や知恵より、たった一つの心にしみる言葉を持つことが大事だ。
㉖怒りは状況を悪くするだけで何も解決しない。
㉗人生の中で選択肢の多い人間になろう。器の大きい人物や柔軟な人物ほど選択肢が多いものだ。
㉘傲慢こそが人生における最も重大なミスのもとになる。
㉙失敗をすることが本当の大成功をもたらすことが多い。
㉚夢を持つことによって、人生というものは生き生きと楽しいものになってくる。
㉛人に要求せず、逆に人に与え続けると人から尊敬される。
㉜どんな環境にあっても夢はかなう。夢がかなわないことを環境のせいにする人は、夢がかなわない運命にある。

夢へのステップ 5

こんな時どうするか

『君には何か困った時に相談できる人がいるだろうか。大人でも友だちでもかまわない。君が本当に困った時に、相談できる人を持つことはとても重要だ。しかしこれがなかなかいない。いたとしても何か相談しにくくて自分だけで悩んでいる人が多いようだ。できたら君のブレーン（頭脳）になる人を普段から見つけておくことを勧める』

友だちがほしい時は、クラブ活動に積極的に参加すれば、同じ趣味や似た好みの友だちを見つけることができる。学校の成績が上がらない場合は、予習をして授業をよく聞くようにする。生活がダラダラしてきたら、朝、早起きをするとよい。将来の不安に襲われた時は、自分の夢や目標を持って、何度も何度も繰り返し唱え続けることだ。

身に迫る危険を感じた場合には、必ず人に相談すること。人とケンカをした時は、意地を張らずにこちらからあやまればよい。耐えられないいじめにあった時は先生や周りの大人に相談することそれでもうまくいかない時は、転校などで環境を変えるか不登校することだ。すべてがうまくいって順調な時こそ悪い種ができるもの。身を引き締めて謙虚になろう。すべてがうまくいかない時は、必ずうまくいく時がやってくるから、あわてたり悲観したりせず、じっくり時のたつのを待てばよい。

ふられた（失恋した）時は、その時の相手以上の人は、この世にいくらでもいるから気分を切り替えて次を目指そう。きっともっと素敵な人が君を待っている。

特定の人に好かれたい時は、その人の言動を否定せず肯定し続けること。苦手なことをうまくやるのは、予行演習を繰り返すとよい。

忙しさを乗り切るには、忙しいと口に出さないこと。口に出すとますます忙しくなる。忙しさというものは一種の強迫観念なのだ。本当に力のある人はどんなに忙しくても、忙しいとは言わないものだ。

失敗やトラブルが起きた時は、人のせいにせず自分の責任と思って処理すれば良い経験になる。大事な場面で力を出したい時は、場面を想定して繰り返し練習すること。飽きるほどやれば必ずうまくいく。

夢へのステップ 6

寛大な心を持つことで自分が楽になる

「どちらでも大丈夫」という心を持てば生きやすくなるし、ゆとりの心を持って生きれば、楽しく生きることができる。不満はやがて自分に戻ってくる。すべてのことを自己責任のもとでやっているという自覚を持てば不満がなくなり、ゆとりと余裕が生まれる。

精神的な余裕がないと判断を間違えてしまう。精神的な余裕やゆとりがあれば人間関係もうまくいくことが多い。

寛大な心や余裕があれば、選択肢が多くなり人生のチャンスが増す。人生のチャンスが増せば、それだけ幸せな生き方ができるようになる。

夢へのステップ 7

自分らしさとは

自分らしさを発見しよう。自分らしさこそ君にとっての最大の武器であり強みである。人はみんな得意なことを持っているものだ。どんな小さなことでも良い。君が得意なこと、君の自信のあるところを探してみよう。それこそが君らしさなのだ。

君が君らしく生きるということは、君の得意なこと、君の自信のあるところを活かして生きることなのだ。小さなこと、ちょっとしたことで良いのだ。やがてそれが大きく育ち、大人になると実を結ぶものなのだ。

夢へのステップ 8

言葉は一人歩きする

言葉には魂がこもっていて、それを言霊《ことだま》と言う人もいる。「言葉は一人歩きをする」と言う人もいる。これはいったいどういうことだろうか。同じ「君は強いね」という言葉でも、聞く人によって様々なニュアンスで受け止めるから、違った感じの意味として人に伝わることがある。さらにその人が同じ言葉を他の人に伝える時、またさらに違ったニュアンスで伝わる可能性は十分にある。こうして言葉の意味は次々にまさに一人歩きを始めるのである。だから重要な話を相手に伝えるには、言葉を選んで丁寧に話すことが肝心である。君の考えや気持ちが正しく相手に伝わることは、なかなかむずかしいのである。

そして言葉は相手の心の中に残ることが多いので、君がそんなつもりで言ってないのに相手はいつまでもその言葉を覚えていて、恨まれるようなことも多々あるので注意すべきである。だから大事なのは君が何を主張したいかより、相手の気持ちを考え、今どう言ったらいいかを考えながら話すことが何より大事である。

夢へのステップ 9

人の能力を借りよう

本当に大きな能力を発揮する人はどこが普通の人と違うのだろうか。おそらく一番の違いは人を使うのが上手だという点だ。もし人の能力がすべて同じだとするなら二人になれば二倍、十人になれば十倍の力が出るだけだ。ところが五人集まって百人の力を発揮する人たちがいる。これはいったいなにか。その場、その場に応じた人の能力が発揮された結果なのだ。だから重要なのは、人の能力をいかに借りるかということが大事なのだ。君が仕事にしろ、スポーツにしろ、良い結果を出すためには人の能力を引き出しそれを借りることが成否を決める重要なポイントになるのだ。

夢へのステップ 10

笑顔は君の最大の武器である

「笑う門には福来たる」という言葉がある。「よく笑う人には良いことが起きる。よく笑う人には幸せがやってくる」というような意味である。試しに鏡の前に立って自分の顔をチェックしてみてほしい。

まず普通の顔、次にもの思いにふけった暗い顔、最後に楽しく遊んでいる時の明るい顔、それぞれの顔の自分を見てほしい。楽しい時の顔が最も若々しく生き生きとして魅力的だと思う。何もしなくてもいい。君がただニコニコとしているだけで、周りの多くの人が気持ちが楽になり、幸せな気分になることを考えてみてほしい。

逆にブスッとした顔で君が口もきかずに座っていたとすると、君を知っている周りの人々は、君に何かいやなことでもあったのかと気を遣ってしまうし、心配をかけてしまう。やがていつも君がそうしていれば、君と一緒にいると気分が重くなり暗い気持ちになるから、友だちはみな君から離れて行ってしまう。ニコニコしている人が好きなのは友だちばかりではない。幸運の女神も実は笑顔が好きなのである。

夢へのステップ 11

腹が立っても爆発させてはいけない

相手にしてほしいことがある時、君はどうしているだろうか。

「何々をして下さい」とはっきり要求することもあるだろうし、それが言いにくいこともあるだろう。

「もっと自分の方をみてほしい」とか「自分の話を聞いてほしい」とか「優しくしてほしい」

とか――。

でもこれらを要求する前に君は相手にどれだけのことをしてあげているだろうか。君がそう思うように、相手だって同じことを思っているものなのだ。だから、まず率先して自分からやる癖をつけるようにしよう。

腹を立ててはいけない。怒りで腹を立てておこなったことで結果が良かったというようなものは一つもない。

腹が立っても爆発させてはいけない。じっとこらえることこそ最上の振る舞いである。腹を立てケンカをして良かったことなんてまずない。勇者は決して腹を立てない。しかしこれがなかなかむずかしい。誰でもできるわけではない。訓練が必要だろうし、心に余裕を持つことも大事だと思う。

しかし、短気はとにかく損である。短気を起こして行った行為にほめられるものが一つもないのはそのためである。じっとこらえて、気分転換を図ることこそ、我々が目指すところである。

夢へのステップ
12

十分な準備をする

誰の助けも借りずに、一人で知らない世界を歩くことはとても勇気のいることだ。でも勇気だけあっても見知らぬ世界でうまく生きていけるわけでもない。用心深さや、周到な準備も必要だ。初めはさびしくとも、やがて君の生き方に賛同して一緒に動いてくれる仲間やパートナーができるものだ。

勇気には裏付けが必要だ。どんな冒険でも周到な準備が大事で、この準備がない冒険は無謀なものとなる。しかし、準備と調査が行き届いた冒険は確実に成功するものである。勇気を身に付けるためには、準備を完璧にすればよい。準備が十分にできどんなケースにおいても対処すべき方策を持っていれば、自然に勇気もわいてくるものなのだ。十分な準備をすることだけが本当の勇気と自信を身に付けさせてくれる。

夢へのステップ 13

親孝行について

「親孝行の人は、ほぼ例外なく心の優しい人だ。そして成功している人のほとんどが、親孝行でもある。つまり、成功するためには心の優しさと人を思い、人を喜ばせ、人のためになることをしようという心持ちが大事である。そのためにも次のことを心に刻んでいてほしい」

君の両親は君を心から愛していること。

君の両親は君に無償の愛を注いでいること。

君の両親は何よりも君が健康で幸せであってほしいと願っていること。

君の両親は君より先に死んでゆくこと。

君の両親は世界中の誰よりも君を好きだということ。

夢へのステップ 14

君が生きていく上で最も重要なこと

君が生きていく上で、最も重要なこととは何だろうか。それは君が最も君らしく生きることなんだ。

君が君らしく生きることとはどんな生き方のことだろうか。「無理をせず、自然に生きることが重要だ」と言ってもわかりにくい。

君が君らしく生きることとは、いったどんな生き方を示しているのだろうか。君らしく生きるということは、今のままの君の良い所をもっと有効活用するということだ。

君の良い所にもう一度光を当てて見直してみると、いろいろな可能性が見えてくる。例えば君が人前で発表したり手を上げて積極的に発言をするのが苦手だとしよう。でも一方で資料を調べたり本を読んだりするのが好きで、君なりに感じたり考えたりしている。そしてデータをまとめたりする仕事が得意だとしよう。こんな時、君が無理して努力して自分の意見を人前で発表できるようになる必要はないのだ。君が得意なデータ整理で貢献できればいいのだ。

このようなことは日常のなかでたくさんある。

私が言いたいのは、どんな場合においても君には人に負けない部分がたくさんあるということなのだ。ところが君はそのことに気付いていないのだ。だからもう一度自分に光を当てて自分自身を観察してみてほしい。きっと気付くはずだ。君が隠れたいろいろな能力を持っていることに。

若い時は劣等感をよく持つものだ。もし君が劣等感を持っていないならかえって心配である。若い頃の劣等感は、自分がもっと成長して立派な人になりたい、魅力的な人間になりたいという気持ちの裏返しだからだ。

君には夢があり、希望があり、憧れがあるから劣等感もあるのだ。だから、劣等感は君を成長させる上で、とても大切なものだ。ただ、劣等感が強くなり過ぎて自暴自棄になったり人を恨むようになってはいけない。そうなってしまえば自分を成長させるどころか自滅させてしまうからだ。劣等感は自分を成長させるための重要な要素なのだから大切にしてほしい。逆に優越感は君の心を安心させ、君に自信をつけさせるものかもしれないが、長い目で見ると君の成長を阻害する可能性がある。

親を大切にして、先生を敬い、目上の人を尊敬して生きていくことは、結局のところ自分自身の成長のためにとても大事なことである。親をないがしろにして、先生を馬鹿にして、目上の人に挨拶もできないような若者が増えている。これはなげかわしいことである。結局自分に降りかかってくる将来の禍《わざわい》に気が付いていない。

親は君に無償の愛を注ぎ、先生は心を込めて君たちを真理に導き、先輩は自分の経験を通して義理や人情を教えてくれる。「親に孝行し、先生を尊敬し、先輩に礼儀を尽くす」ことこそ、君が将来あらゆることをする上で役に立つ基本的なことなのだ。

夢

夢を実現する道は
何処までも平坦な道を
ただ何処までも　飽きないで歩くだけ
誰にもできることながら
誰でもできるわけもない
ただ一つ守るとすれば
自分だけの夢の歌
口ずさみながら　歩くだけ
さびしがらずに　歩くだけ

高橋　隆介

高橋　隆介（たかはし　りゅうすけ）

《略歴》
昭和22年10月25日生
東京大学理学部卒業

株式会社修学社設立・代表取締役社長
進学塾「学習指導会」を主宰し、自らも教鞭をとり算数・数学を教える。毎年武蔵・麻布・開成・桜蔭・女子学院・雙葉などをはじめとする、私立・国立中学、高校に3000名を超える合格者を輩出した。
同社を平成6年東京証券市場に店頭上場
株式会社ビオネット会長
株式会社箸長社長
株式会社ギャラリー門顧問
起業家塾「夢塾」塾長

夢をかなえる男の子の育て方

2015年10月25日　初版発行

著　者◉高橋　隆介
発行者◉小野　利和
発行所◉東京シューレ出版
〒136-0072　東京都江東区大島7-12-22-713
電話／FAX　03（5875）4465
Email／info@mediashure.com
Web／http://mediashure.com

DTP制作◉えびす堂グラフィックデザイン
印刷／製本◉モリモト印刷株式会社

定価はカバーに表示してあります
ISBN978-4-903192-30-7 C0036